Celebrações da Iniciação à Vida Cristã

NUCAP
Núcleo de Catequese Paulinas

Celebrações da Iniciação à Vida Cristã

Adultos, jovens e crianças

Dados Internacionais de Catalogação na Publicação (CIP)
(Câmara Brasileira do Livro, SP, Brasil)

Celebrações da iniciação à vida cristã : adultos, jovens e crianças / Núcleo de Catequese Paulinas - NUCAP. -- São Paulo : Paulinas, 2018.

ISBN: 978-85-356-4345-9

1. Catequese - Igreja Católica - Ensino bíblico 2. Catequistas - Educação 3. Fé 4. Vida cristã I. Núcleo de Catequese Paulinas - NUCAP.

17-09226 CDD-268.3

Índice para catálogo sistemático:

1. Catequistas : Formação bíblica : Educação religiosa : Cristianismo 268.3

Direção-geral: *Flávia Reginatto*
Editores responsáveis: *Vera Ivanise Bombonatto e Antonio Francisco Lelo*
Copidesque: *Mônica Elaine G. S. da Costa*
Coordenação de revisão: *Marina Mendonça*
Revisão: *Ana Cecilia Mari*
Gerente de produção: *Felício Calegaro Neto*
Capa: *Jéssica Diniz*
Diagramação: *Claudio Tito Braghini Junior*
Ilustrações: *Claudio Pastro*

1ª edição – 2018
3ª reimpressão – 2021

Nenhuma parte desta obra poderá ser reproduzida ou transmitida por qualquer forma e/ou quaisquer meios (eletrônico ou mecânico, incluindo fotocópia e gravação) ou arquivada em qualquer sistema ou banco de dados sem permissão escrita da Editora. Direitos reservados.

Paulinas

Rua Dona Inácia Uchoa, 62
04110-020 – São Paulo – SP (Brasil)
Tel.: (11) 2125-3500
http://www.paulinas.com.br – editora@paulinas.com.br
Telemarketing e SAC: 0800-7010081

© Pia Sociedade Filhas de São Paulo – São Paulo, 2018

Sumário

Apresentação	11
Introdução	15
RICA	16
Centralidade pascal	21
Mistagogia	25
Participação da comunidade	27
Participação da família	29
Adaptações	30

I. ADULTOS

Entrada no catecumenato	35
Introdutor	40
Como preparar	42
Celebração da entrada no catecumenato	43
Rito de acolhida	43
Primeira adesão	44
Liturgia da Palavra	48
Entrega do Mandamento do Senhor	53
Como preparar	56
Celebração de entrega do Mandamento do Amor	57
Oração sobre os catecúmenos e catequizandos	59
Entrega do Símbolo da fé	61
Celebração da entrega do Símbolo da fé	65
Oração sobre os candidatos	65
Entrega da Oração do Senhor	67

Celebração da entrega da Oração do Senhor	71
Oração sobre os candidatos	71
Eleição	73
Como preparar	78
Celebração da eleição	81
Apresentação dos candidatos	81
Exame e petição dos candidatos	83
Admissão ou eleição	84
Oração pelos eleitos	85
Escrutínios	89
Primeiro escrutínio: a água e o Espírito	95
Celebração do primeiro escrutínio	97
Proclamação da Palavra e homilia	97
Oração em silêncio	97
Preces pelos eleitos	98
Exorcismo	99
Despedida dos eleitos	101
Celebração da Eucaristia	101
Segundo escrutínio: Cristo, a luz da fé	103
Celebração do segundo escrutínio	107
Proclamação da Palavra e homilia	107
Oração em silêncio	107
Preces pelos eleitos	108
Exorcismo	109
Despedida dos eleitos	110
Celebração da Eucaristia	111
Terceiro escrutínio: morte e vida	113
Celebração do terceiro escrutínio	117
Proclamação da Palavra e homilia	117

Oração em silêncio	117
Preces pelos eleitos	118
Exorcismo	119
Despedida dos eleitos	121
Celebração da Eucaristia	121

Sacramento da Penitência — 123

Celebração da Penitência com confissão e absolvição individuais — 125

Oração	125
Liturgia da Palavra	126
Homilia	127
Exame de consciência	127
Rito da reconciliação	128
Louvor a Deus por sua misericórdia	130
Rito conclusivo	132

Ritos preparatórios imediatos — 133

Celebração dos ritos de preparação imediata — 137

Ritos iniciais	137
Liturgia da Palavra	137
Recitação do Símbolo	138
Rito do "Éfeta"	139
Rito da unção	140

Iniciação sacramental dos adultos — 143

Celebração do Batismo — 145

Apresentação dos eleitos e exortação	145
Ladainha	145
Oração sobre a água	147
Renúncia	149
Unção com o óleo dos catecúmenos	150
Profissão de fé	150

Banho batismal	151
Ritos complementares	152
Celebração da Confirmação	153
Envio missionário	**157**
Celebração de envio	**161**
Oração do envio	163
Prece dos fiéis	164

II. JOVENS

Entrada no catecumenato	**169**
Celebração de entrada no catecumenato crismal	170
Celebração de entrega do Mandamento do Amor	170
Celebração de entrega do Símbolo da fé	170
Jornada da eleição	**171**
Celebração da eleição	172
Escrutínios	**173**
Sacramento da Penitência	**175**
O sacramento	178
Celebração da Penitência com confissão e absolvição individuais	**183**
Canto de aclamação ao Evangelho	184
Exame de consciência	186
Rito da reconciliação	186
Louvor a Deus por sua misericórdia	187
Bênção e canto final	188
Ritos preparatórios imediatos	189
Batismo dos jovens	190
Sacramento da Confirmação	**191**
Renovação das promessas do Batismo	192

Imposição das mãos	193
Crismação	193
Prece dos fiéis	195
Rito da Confirmação na Missa	197
Renovação das promessas do Batismo	197
Imposição de mãos	199
Unção do Crisma	200
Oração dos fiéis	200
Bênção final	202
Envio missionário	203
Celebração de envio	203

III. CRIANÇAS

Acolhida para o tempo da catequese	209
Celebração de acolhida para o tempo da catequese	211
Saudação e exortação	211
Liturgia da Palavra	217
Entrega do Creio	219
Entrega do Pai-Nosso	219
Rito do "Éfeta"	221
Celebração da eleição	223
Apresentação dos candidatos	223
Admissão e oração pelos eleitos	226
Escrutínios ou ritos penitenciais	229
Celebração do perdão	233
Saudação	233
Leitura	234

Homilia	234
Exame de consciência	235
Oração sobre os catecúmenos	235
Unção dos catecúmenos	237
Ato penitencial	237
Confissão individual	238
Ato de contrição e propósito	238
Oração	239

Batismo dos catecúmenos e renovação das promessas batismais — 241
Bênção da água	242

Celebração do Batismo — 245
Apresentação dos eleitos e exortação	245
Oração sobre a água	245
Profissão de fé das crianças catecúmenas	247
Renúncia	247
Profissão de fé	248
Banho batismal	249
Unção depois do Batismo	250
Veste batismal	250
Entrega da luz	251
Profissão de fé	252

Envio missionário — 255
Pentecostes	256

Celebração do envio — 259
Prece dos fiéis e envio	260
Bênção	262

Apresentação

No itinerário para formar discípulos missionários, a Igreja propõe, desde as origens, um caminho que pretende levar a pessoa a reconhecer o Cristo como Senhor e Salvador, a tal ponto que o Cristo seja reconhecido em seu seguidor.

O processo de configuração a Cristo comporta a acolhida da Boa-Nova, a instrução na fé, a conversão de vida e a inserção na comunidade eclesial. Esses passos são acompanhados pela ação da graça de Deus que se manifesta especialmente em sinais realizados na liturgia da Igreja.

O Concílio Vaticano II, nesse sentido, destacou a importância da dimensão celebrativa do processo de iniciação cristã: "Aqueles que receberam de Deus por meio da Igreja a fé em Cristo, sejam admitidos ao catecumenato, mediante a celebração de cerimônias litúrgicas. O catecumenato não é mera exposição de dogmas e preceitos, mas uma formação de toda a vida cristã e uma aprendizagem efetuada de modo conveniente, por cujo meio os discípulos se unem com Cristo seu mestre. Por conseguinte, sejam os catecúmenos convenientemente iniciados no mistério da salvação, na prática dos costumes evangélicos, e com ritos sagrados, a celebrar em tempos sucessivos, sejam introduzidos na vida da fé, da liturgia e da caridade do Povo de Deus".[1]

Essa dimensão litúrgica da Iniciação Cristã, enquanto processo educativo para participar do mistério pascal, visa superar uma redução da compreensão da catequese como ato meramente instrutivo. Trata-se de formar o cristão para a vivência da fé, inserindo-o na experiência do encontro com Jesus Cristo, de forma pessoal e comunitária. A publicação do Ritual da Iniciação Cristã de Adultos reforçou essa perspectiva: "a iniciação dos catecúmenos processa-se gradativamente no seio da comunidade dos fiéis que, refletindo com os catecúmenos sobre a excelência do mistério pascal e renovando sua própria conversão, os induzem pelo seu exemplo a obedecer com maior generosidade aos apelos do Espírito Santo".[2]

Se desejarmos recuperar um autêntico processo de inspiração catecumenal para todos os âmbitos da catequese no Brasil, é imprescindível conhecer, valorizar e oferecer recursos que possibilitem a integração entre Bíblia, catequese, liturgia e comunidade. Essa dimensão é garantida pelos ritos e celebrações previstos no itinerário formativo. "A iniciação à oração pessoal, comunitária e litúrgica se constitui em componente essencial do ser cristão, para mantê-lo

---

[1] *Ad Gentes*, n. 14
[2] Introdução ao RICA, n. 4, p. 17.

progressivamente na comunhão com o Senhor e na disponibilidade e generosidade para a missão. A *Lex orandi Lex credendi* (que pode ser entendido: oramos como cremos e cremos como oramos) alimenta cotidianamente a vida de fé, em comunidade, para a missão."[3]

Atendendo à urgência de oferecer recursos para a dimensão litúrgica em vista da Iniciação Cristã, a equipe do Núcleo de Catequese Paulinas (NUCAP) preparou este subsídio para facilitar a realização integral do processo que não pode improvisar os ritos, entregas, renúncias e celebrações. Alinhada ao Ritual de Iniciação Cristã de Adultos, esta proposta faz importantes e necessárias adaptações que colaborarão para que muitos possam proclamar: "conhecer a Jesus é o melhor presente que qualquer pessoa pode receber; tê-lo encontrado foi o melhor que ocorreu em nossas vidas, e fazê-lo conhecido com nossa palavra e obras é nossa alegria".[4]

Dom Leomar Antônio Brustolin
Bispo auxiliar de Porto Alegre

---

[3] CNBB. *Iniciação à Vida Cristã: itinerário para formar discípulos missionários*. Documento 107, Brasília: CNBB, 2017, n. 103.

[4] DAp, n. 29.

Introdução

Apresentamos as celebrações do itinerário da Iniciação à Vida Cristã (IVC) para: 1) catecúmenos adultos e adultos batizados que não completaram a iniciação cristã, 2) jovens crismandos e 3) crianças na fase de iniciação à vida eucarística.

Diante da variedade de situações em nossa pastoral e das opções que o *Ritual da Iniciação Cristã de Adultos* (RICA) apresenta, e considerando o desconhecimento e a dificuldade dos catequistas e ministros de manusearem o ritual, temos aqui o objetivo de ordenar e tornar acessível a sequência das celebrações para cada um dos três grupos acima, seguindo o *Itinerário catequético* proposto pela CNBB.[1]

É constante encontrar, na composição desses grupos, crianças, jovens e adultos que não receberam o Batismo. Daí decorre a necessidade de articular com precisão as celebrações de cada itinerário, contemplando, ao mesmo tempo, as duas categorias de pessoas: os catecúmenos e os catequizandos.

As celebrações foram transcritas do RICA: duas do *Ritual da Penitência*, uma do *Ritual da Confirmação*

---

[1] COMISSÃO EPISCOPAL PASTORAL PARA A ANIMAÇÃO BÍBLICO-CATEQUÉTICA. *Itinerário catequético*: iniciação à vida cristã – Um processo de inspiração catecumenal. Brasília: Ed. CNBB, 2016.

e as demais são próprias. Também apresentamos o sentido de cada uma delas.

Omitimos as várias opções para as orações oferecidas pelo RICA. No entanto, a numeração lateral que aparece nas celebrações deste livro são as do RICA e, à medida que a equipe for se familiarizando com tais celebrações, recomenda-se confrontar esses números com o próprio RICA para escolher outras alternativas.

O conjunto deste ritual permitiu-nos apresentar as celebrações da Iniciação à Vida Cristã de forma adaptada ao nosso contexto pastoral, visto que os documentos da CNBB: *Diretório Nacional de Catequese*, de 2006, e *Iniciação à Vida Cristã*, de 2017, solicitam, com maior insistência, uma catequese com inspiração catecumenal.

RICA

A Igreja resgatou esse ritual para compreender a iniciação cristã de maneira mais ampla e completa, capaz de formar a identidade de fé do cristão. O RICA se dirige aos adultos que não foram batizados. Porém,

> o RICA não é um livro catequético, centrado no conteúdo doutrinal a ser transmitido, mas, sim, um livro litúrgico com ritos, orações e celebrações. Entretanto, esse livro dá

uma visão inspiradora de uma catequese que realmente envolve a pessoa no seguimento de Jesus Cristo, a serviço do Reino, expresso na vivência dos sacramentos do Batismo, da Crisma e da Eucaristia.[2]

Além de ser um ritual, contém uma pedagogia que dá unidade ao processo e põe à luz os elementos fundamentais para a formação da identidade cristã. A iniciação cristã de adultos está dividida em quatro tempos, e cada tempo é finalizado com um rito que indica a passagem para o tempo seguinte, também chamado de etapa. São considerados tempos de *informação* e *amadurecimento*, que indicam o desenrolar lento de um processo que vai sendo aos poucos revelado e assumido pelo catequizando. Assim como a subida dos degraus de uma escada, cada tempo e celebração de passagem supõe uma resposta de adesão sempre mais consciente do candidato.[3]

Estes tempos e estas celebrações (etapas), nos quais os sacramentos constituem o eixo de sentido, estruturam a maneira unitária e progressiva de compreender a iniciação cristã: "Cada etapa desse caminho progressivo não está fechada à outra, mas está aberta à seguinte em um crescimento dinâmico em busca de perfeição mais profunda".[4]

---

[2] CNBB. *Iniciação à vida cristã*: itinerário para formar discípulos missionários. Brasília: Ed. CNBB, 2017, n. 119. Documentos da CNBB, n. 107.
[3] Cf. RICA, n. 6.
[4] CNBB. *Iniciação à vida cristã*, op. cit., n. 79.

De nossa parte, haverá o esforço de compreender esses elementos do Batismo de adultos para estendê-los às crianças e aos jovens, visto que são essenciais para iniciar as pessoas na vida cristã. "Sob a inspiração do RICA, é possível propor um itinerário que avance por etapas (celebrações de passagem) e tempos sucessivos, garantindo que a iniciação de adultos, jovens e crianças se processe gradativamente no seio da comunidade."[5] Tal consideração se liga ao fato de que "é preciso garantir o resgate adaptado do catecumenato.[6] A ênfase deve ser colocada mais no 'espírito catecumenal' do que em um esquema formal".[7] Esse espírito catecumenal é uma "dinâmica, uma pedagogia, uma mística, que nos convida a entrar sempre mais no mistério do amor de Deus".[8]

Sabemos que, no campo da iniciação cristã, as situações pastorais são muito diversificadas, desafiam a capacidade do agente de encontrar a solução mais adequada para cada caso. Mais uma vez, o sentido realista dos nossos pastores nos orientam: "A inspiração que vem do RICA não significa imitar ou copiar o que lá se apresenta, mas perceber as celebrações como passos importantes para a superação de uma

---

[5] Ibid., n. 139.
[6] CNBB. *Diretório Nacional de Catequese*. São Paulo: Paulinas, 2006, nn. 45-50. Documentos da CNBB, n. 84.
[7] CNBB. *Iniciação à vida cristã*, op. cit., n. 74.
[8] Ibid., n. 56.

prática pastoral que visa apenas à celebração de ritos e a recepção dos sacramentos".[9]

A pedagogia do RICA busca: "Integrar a comunidade; relacionar-se ao mistério pascal e ao ano litúrgico; unir fé, liturgia, vida e oração; incluir etapas definidas, ritos, símbolos e sinais, especialmente bíblicos e litúrgicos; relacionar melhor os sacramentos do Batismo, da Crisma e da Eucaristia; e dialogar com a cultura local".[10]

Dinâmica ritual

A Iniciação à Vida Cristã sublinha um processo, um itinerário por etapas, que leva à imersão na vida cristã, caracterizada por um encontro pessoal com Cristo, que passa, necessariamente, pela fé e pela vida em comunidade, a qual é o lugar e a meta de toda ação catequética.

A iniciação na fé da Igreja, ao ser proposta como caminho de fé, requer a mútua complementaridade entre anúncio da Palavra, celebrações litúrgicas e testemunho de vida, que, tomados em conjunto, são responsáveis por promover a iniciação na comunidade.

O dom do Espírito concedido nas celebrações dinamiza o diálogo entre fé e conversão, levando

---
[9] Ibid., n. 145.
[10] Ibid., n. 121.

o candidato a assumir os costumes cristãos. Assim, antecipa-se a conformação sacramental com Cristo, por meio de uma comunhão cada vez maior com o mistério pascal, que o conduz ao trânsito do velho ao ser humano novo, que tem sua perfeição em Cristo.

Os ritos da iniciação vão moldando-lhe a personalidade, que se vê sempre mais configurada ao mistério de Cristo. A maturidade torna-se, então, uma resultante do encontro da graça da celebração com a correspondente adesão do candidato.

Com as orações dos exorcismos, os catecúmenos pedem a Deus poder penetrar no mais íntimo de si mesmos para conhecer e iluminar seus corações. Seu efeito purificador é precisamente para obter a crescente libertação do domínio do mal, à espera da santificação completa do banho batismal. O catecúmeno recupera, paulatinamente, a imagem perdida de Filho de Deus por meio da acolhida na Igreja e da correspondência à ação do Espírito.[11]

Os ritos preparatórios irão acontecendo ao longo do itinerário catequético, de tal sorte que restarão apenas os gestos essenciais na Vigília Pascal: o banho d'água, a crismação e a participação no banquete eucarístico.

---

[11] Cf. RICA, nn. 117, 118, 373.1.

Centralidade pascal

Ao centralizar as catequeses ao redor do Tríduo Pascal, incluindo sua fase de preparação (Quaresma), sua culminância nos três sacramentos celebrados na Vigília Pascal e em sua fase posterior (Tempo Pascal), ressalta-se a inserção ou configuração pascal como meta de todo o processo iniciatório. E assumir a Páscoa de Cristo como caminho de transformação pessoal para vencer o egoísmo e aprender a amar como ele nos amou e se entregou por nós, constituirá a razão de nossa identidade: ser outro Cristo – cristão. "Toda iniciação deve ter caráter pascal".[12]

Essa característica determinante para a Iniciação Cristã, atualmente, acha-se muito ofuscada. Raramente alguém associa o fato de ser cristão com a sua configuração existencial na Páscoa de Cristo, como discípulo que toma a sua cruz e o segue. Na pastoral, a influência da teologia da prosperidade, a prática devocional em alta e a busca isolada de cada sacramento dificultam ainda mais essa compreensão.

Sendo assim, este método cumpre a finalidade de promover *a progressiva participação no mistério pascal*. O mesmo mistério de fé anunciado pela catequese deverá ser celebrado ao longo do caminho, com ritos que despertam a adesão e a conversão do catequizan-

---
[12] RICA, n. 8.

do. A catequese irá interagir com as celebrações da Palavra, as bênçãos, os exorcismos e os ritos de passagem, para despertar uma conversão cada vez mais decidida. Essa mudança gradual de atitudes já deve ser considerada participação pascal que culminará na celebração sacramental.

Ritualmente, a progressiva participação pascal acontece com a celebração dos ritos auxiliares que conduzem o processo para: o banho d'água, a crismação e a comunhão eucarística. Dessa forma, "o interlocutor é conduzido à dinâmica treva–luz, pecado–graça, escravidão–libertação, morte–vida, que se vai realizando através de vários momentos relevantes do processo catecumenal e prossegue ao longo de toda sua vida".[13]

Unidade sacramental

Perceber a ação conjunta dos três sacramentos em um só movimento, para inserir a pessoa no mistério pascal de Cristo, nos leva a compreender a Iniciação à Vida Cristã de maneira muito diferente.

Ao batizar o adulto na Vigília Pascal, também se celebrava sua Crisma e ele participava pela primeira vez da mesa eucarística. Essa tradição da Igreja mostra que "a identidade pascal estabelece a relação entre eles (os três sacramentos) e a especificidade de cada

---

[13] CNBB. *Iniciação à vida cristã*, op. cit., n. 97.

um".[14] "A origem dessa relação, entre os sacramentos da Iniciação à Vida Cristã está fundada [...] na única economia divina, pois tal conexão exprime a unidade do mistério pascal cumprida pela missão do Filho e consumada pela efusão do Espírito Santo."[15]

"Os três sacramentos da iniciação, em uma unidade indissolúvel, expressam a unidade da obra trinitária na iniciação cristã: no Batismo assumimos a condição de filhos do Pai, a Crisma nos unge com unção do Espírito e a Eucaristia nos alimenta com o próprio Cristo, o Filho."[16]

O Batismo e a Confirmação realizam em uma celebração a configuração no Mistério da Páscoa, marcando a pessoa com um selo, de forma definitiva. Como aperfeiçoamento e prolongamento do Batismo, a Confirmação faz com que os batizados avancem pelo caminho da Iniciação Cristã e pelo dom do Espírito, que capacita o indivíduo a viver as exigências do caminho pascal. Iremos viver da graça recebida desses dois sacramentos. "A graça da fé e a conversão pessoal ao seguimento de Jesus pertencem a uma dinâmica que percorre toda a nossa vida."[17]

O ideal da vida cristã consiste em ser em plenitude o que já se é pelo Batismo: "Exorto-vos a levardes

---

[14] Ibid., n. 129.
[15] Ibid.
[16] Ibid., n. 91.
[17] Ibid., n. 99; cf. também n. 102.

uma vida digna da vocação que recebestes" (Ef 4,1). O Batismo deve encontrar seu prolongamento na vida, aliás, a vida cristã consiste em aprofundar sempre mais a graça do Batismo: a beleza da graça batismal exige crescimento, tarefa que nos ocupa durante a existência toda.

Uma vez configurados no mistério pascal de Cristo, este é rememorado no sacrifício da Eucaristia, para que o fiel se associe a este sacrifício, oferecendo a cada dia a sua vida. A nossa resposta de fé de adesão à graça de filiação será aperfeiçoada a cada participação no banquete eucarístico, quando ofereceremos nosso sacrifício espiritual unido ao sacrifício de Cristo. O culto espiritual exercido no dia a dia é tecido pelo nosso trabalho, pela vivência das bem-aventuranças com dignidade e testemunho. "Assim, a *Eucaristia* [...] realiza plenamente o que os dois outros sacramentos anunciam."[18]

A incorporação ao mistério pascal de Cristo por meio dos três sacramentos, que resulta na participação na natureza divina e na vida nova, constituirá a essência e o coração da Iniciação à Vida Cristã.[19] A compreensão da unidade desses três sacramentos traz a imediata consequência de articular a ação pastoral

---
[18] Ibid., n. 132.
[19] Cf. ibid., nn. 96-97.

conjunta deles. Por isso, os bispos recomendam uma coordenação paroquial de IVC, compreendendo os agentes envolvidos no Batismo de crianças, na Eucaristia, na Crisma, no catecumenato de adultos e famílias dos catequizandos.

Mistagogia

Ajudar o catequizando a fazer a experiência dos símbolos e gestos celebrados faz parte de uma educação que o leva a experimentar os sinais tão simples e tão humanos da liturgia não apenas como elementos deste mundo, mas, aos olhos da fé, também como realidades divinas. A catequese tem a missão de revelar o que os sinais rituais protagonizaram na história da salvação e como hoje eles continuam eficazes na celebração.

"A Iniciação à Vida Cristã é a participação humana no diálogo da salvação [...] o iniciando começa a caminhada para Deus, que irrompe em sua vida, dialoga e caminha com ele."[20] Assim como Deus se comunicou por sinais e acontecimentos em sua Palavra revelada, da mesma forma ele continua a se revelar para nós. Esse diálogo supõe a liberdade que nasce da aliança entre as duas partes envolvidas: Deus e o ser humano.

---

[20] Ibid., n. 96.

Nos sinais celebrados, a Igreja coloca o catequizando e a comunidade em contato direto com o mistério de graça comunicado por Deus. Vamos chamar de mistagogia esse diálogo que acontece por meio de sinais (pão, vinho, gestos, luz, óleo...) e com a intervenção da Palavra e do Espírito Santo.

Os bispos definem mistagogia como "uma progressiva introdução no mistério pascal de Cristo, vivido na experiência comunitária".[21] Em seguida, esclarecem que esse mistério é mais que um segredo, uma verdade ou uma doutrina; sobretudo, é o maior acontecimento deste mundo, ou seja, é a ação salvadora de Deus em Jesus Cristo atuante para nós hoje.

> Na iniciação cristã apresenta-se o mistério da Igreja, comunidade que, pela ação do Espírito, vive e revela a presença do Ressuscitado no mundo. A Igreja, mediante sinais, celebra e manifesta a vida do Ressuscitado, da qual é portadora. Enquanto "mistério de Cristo", a Igreja é uma realidade "sacramental" que depende essencialmente do Senhor glorioso e da ação do Espírito que ele derramou. A graça que se realiza nas suas ações sacramentais é um acontecimento transbordante da páscoa do seu Senhor.[22]

Por sua vez, a iniciação revela o colo da Igreja-mãe. Qual novo útero, a fonte batismal gera os no-

---
[21] Ibid., n. 60.
[22] Ibid., n. 89.

vos filhos de Deus. Nutre seus filhos com o Pão da vida eterna e os encaminha pela vida.

Participação da comunidade

"Sujeito indispensável dos processos de Iniciação à Vida Cristã, junto ao catecúmeno, é toda a comunidade cristã. Ela é responsável pelo rosto que a Igreja vai apresentar a quem dela se aproxima. [...] O processo de Iniciação à Vida Cristã requer a acolhida, o testemunho, a responsabilidade da comunidade."[23]

O documento *Iniciação à Vida Cristã* também chega à conclusão de que "o processo de Iniciação à Vida Cristã incide sobre a conversão da comunidade [...] (que) poderá, assim, vivenciar, na prática, e de modo adaptado, o processo da Iniciação Cristã inspirado no itinerário catecumenal proposto pelo RICA."[24]

As celebrações mais importantes, geralmente, acontecem na missa dominical e requerem a participação de todos os envolvidos, e necessariamente não precisam alterar a agenda dominical. As celebrações são fáceis de acompanhar, podem ser adaptadas, interagem plenamente com o tempo litúrgico e com as celebrações dominicais, para as quais são convocados pais, padrinhos, introdutores, catequizandos,

---
[23] Ibid., n. 106.
[24] Ibid., n. 226.

catequistas, sob a animação do ministro, o que possibilita que, mesmo nas comunidades mais afastadas, muitas dessas celebrações possam ser realizadas.

Ao ter presente as paróquias formadas por uma rede de comunidades, os bispos alertam: "Nas celebrações do processo de Iniciação à Vida Cristã, especial atenção precisa ser dada às comunidades sem presbíteros. Devem ser providas de pessoas preparadas para partilhar a Palavra e animar o encontro da comunidade, evitando conteúdos desfocados do Mistério Pascal celebrado na liturgia".[25]

Nas celebrações da Iniciação à Vida Cristã, a comunidade reconstitui sua vocação e missão, pois é chamada a *renovar a graça batismal*, a comprometer-se pelo acolhimento e pela formação do catequista e do catequizando. Enfim, refaz e aprofunda a própria caminhada de fé, tornando-a sempre mais fecunda, visto que também ela está em constante processo de conversão. Assim, a comunidade reafirma sua adesão diante dos elementos essenciais de sua fé: exorcismos, unção, entrega da cruz...

Os iniciandos e a comunidade compreenderão esses ritos como uma metáfora do que irá se cumprir com a nossa resposta de fé ao longo de nossa existência. Por exemplo, o embate contra o mal, ritualmente celebrado na renúncia antes do Batismo,

---

[25] Ibid., n. 148.

é imagem da luta que o cristão enfrentará ao longo de toda a vida contra aquele que colocará muitas vezes à prova sua adesão a Cristo. A configuração na morte e ressurreição de Cristo ocorrida no Batismo corresponderá ao exercício diário de fé, esperança e caridade em Cristo, que só se concluirá com nossa Páscoa (passagem) definitiva para a casa do Pai.

Por isso, nossos bispos nos recomendam: "A inspiração catecumenal que propomos é uma dinâmica, uma pedagogia, uma mística, que nos convida a entrar sempre mais no mistério do amor de Deus. Um itinerário mistagógico, um desejo que nunca acaba. Porque Deus, sendo Amor, nunca se esgota".[26]

Participação da família

"A família é chamada a ser lugar de iniciação, onde se aprende a rezar e a viver os valores da fé."[27] Qualquer tipo de estruturação familiar não isenta os responsáveis de assumir e educar as crianças numa formação cristã e religiosa que os ajude rumo à transcendência.

Eis uma linha de renovação da iniciação cristã: investir e integrar a catequese familiar na catequese nas diversas idades, como caminho natural de evangelização, a fim de: cada paróquia, desenvolver

---
[26] Ibid., n. 56; cf. também o n. 136, que fala de neófitos permanentes.
[27] Ibid., n. 199.

decididamente a catequese com as famílias dos catequizandos da Eucaristia e da Crisma; proteger e cuidar do catequizando, em seu núcleo de crescimento e convivência; integrar as famílias no processo evangelizador, tornando-as participantes do processo e respeitando os diversos modelos de estruturação familiar; valorizar a convivência familiar como lugar da revelação de Deus no cotidiano.

O documento reitera:

> Apresentar um itinerário de formação cristã com adultos para os pais e demais familiares das crianças, adolescentes e jovens que participam do processo catequético. Essa pode ser uma excelente oportunidade de reforçar a fé das famílias e de integrá-las à comunidade. Tenha-se o cuidado de valorizar os casais, as mães e os pais, como sujeitos ativos da catequese.[28]

Adaptações

Os gestos sejam realizados com calma e expressividade, e utilize-se com largueza os elementos da água, do óleo, da luz... Por exemplo, convém que a água seja abundante, de modo que o Batismo apareça como verdadeira passagem pela água ou banho. A linguagem seja direta, simples e ao mesmo tempo respeitosa, com a dignidade própria da maneira de se expressar na celebração litúrgica.

---

[28] Ibid., n. 202.

O homem do povo exprime-se de modo concreto, contando fatos reais, sem longos raciocínios abstratos. Por isso, na homilia, nas preces e nos comentários dos ritos, mas, especialmente, durante toda a preparação, é muito importante mencionar fatos concretos, solicitar breves depoimentos e apresentar exemplos tirados da vida do povo.[29]

Para a celebração cumprir seu objetivo de proporcionar a participação transformadora na Páscoa de Cristo, há que cuidar da preparação dos ambientes e equipamentos: serviço de som, limpeza da igreja, fonte batismal…

Vale considerar o critério que o RICA apresenta para o ministro adaptar a celebração para a assembleia:

> É dever do celebrante usar plena e criteriosamente da liberdade que lhe é dada. […] Em muitos lugares este (Rito) não determina o modo de agir ou de orar ou apresenta duas soluções. O celebrante poderá assim, segundo seu prudente critério pastoral, adaptar o rito às condições dos candidatos e da assistência. Deixa-se a maior liberdade em relação às exortações e às preces que, conforme as circunstâncias, podem sempre ser abreviadas, modificadas ou mesmo enriquecidas de intenções relativas à situação particular dos candidatos ou das pessoas presentes. Compete também ao celebrante adaptar os textos às circunstâncias, mudando o gênero e o número.[30]

---

[29] CNBB. *Batismo de crianças*: subsídios teológico-litúrgico-pastorais. São Paulo: Paulinas, 1980, n. 183. Documentos da CNBB, n. 19.
[30] RICA, n. 67.

Por isso, aparecem vários formulários para a mesma oração, como também em muitas exortações a rubrica registra que estas podem ser feitas "com estas ou palavras semelhantes", deixando literalmente a adaptação a critério de quem preside.

I

Adultos

Alertamos sobre a diferença entre o catecúmeno e o batizado que não completou a iniciação cristã. São sujeitos distintos. O catecúmeno é aquele que não foi batizado e a quem o processo deve orientar a opção pessoal de fé em direção à iniciação. Já o catequizando, recebeu a fé, o dom de Deus, e por isso é chamado fiel, mas precisa completar a iniciação sacramental. O que ambos os sujeitos têm em comum é a falta de evangelização e, por isso, deverão percorrer um caminho de conversão e alcançar a maturidade da fé, expressas pela mudança de costumes e pela caridade operante.

O capítulo quarto do RICA, "preparação para a confirmação e a Eucaristia dos adultos que, batizados na infância, não receberam a devida catequese", traz apenas algumas anotações que remetem à pedagogia do capítulo primeiro, destinado aos adultos catecúmenos.

Por isso, optamos pelos nomes "catecúmenos" e "catequizandos" e os situamos no mesmo grupo catecumenal. Originariamente, os ritos têm função preparatória à recepção dos sacramentos, porém, aqueles que *já foram batizados* e os celebram pela primeira vez, vão realizá-los conscientemente como expressão da nova realidade que são chamados a viver.

Entrada no catecumenato

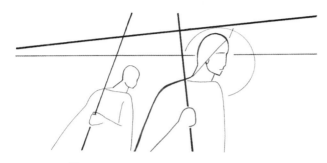

Tome a sua cruz e siga-me!

A celebração da entrada no catecumenato deve ser realizada após o devido tempo do pré-catecumenato, no início do catecumenato.

> Celebra-se o rito de admissão [...] quando as pessoas, tendo acolhido o primeiro anúncio do Deus vivo, já possuem a fé inicial no Cristo Salvador. Pressupõe-se que esteja terminada a primeira evangelização, haja um início de conversão, de fé e de senso eclesial, relações precedentes com o sacerdote ou alguns membros da comunidade e preparação para esse rito litúrgico.[1]

O *Itinerário catequético* prevê esta celebração para catecúmenos e catequizandos e desloca a entrega da Bíblia para outro momento. Aqui, seguimos o RICA e mantivemos a entrega da Bíblia nesta celebração.

---

[1] RICA, n. 68.

Esta celebração, dirigida diretamente para o catecúmeno, será igualmente vivenciada pelos batizados como uma nova e mais responsável aproximação da comunidade viva.

É recomendável que este rito seja celebrado na assembleia eucarística dominical da comunidade, pois a recepção dos candidatos substitui o rito inicial da missa. Segue a liturgia da Palavra, que será a mesma do domingo, e, após a homilia, será entregue a Bíblia. O RICA diz: "É de desejar que toda a comunidade cristã ou parte dela, constante dos amigos e familiares, catequistas e sacerdotes, participe ativamente da celebração".[2]

A celebração é marcada pelos elementos fundamentais que caracterizam o início do caminho de fé que a Igreja, representada pela comunidade, oferece aos candidatos. O rito tem a finalidade de ressaltar o protagonismo e a resposta de fé daqueles que aderem ao seguimento de Jesus Cristo no itinerário espiritual do catecumenato.[3]

O rito transcorre em clima de alegria e ação de graças da Igreja e nele se recorda a experiência pessoal e o sentido religioso que levaram os candidatos a empreender o itinerário espiritual do catecumenato.

---

[2] RICA, n. 70.
[3] Cf. LELO, Antonio Francisco. *A iniciação cristã*: catecumenato, dinamismo sacramental, testemunho. São Paulo: Paulinas, 2005. pp. 54-57.

O diálogo inicial mostra que o candidato pede à Igreja o dom da fé, virtude que deverá ser acompanhada sempre pela conversão, manifestada na mudança de mentalidade e na adoção dos costumes e valores evangélicos. Não se trata de uma entrada individual na fé por um contato firmado com Deus; o encontro com o Senhor realiza-se por meio de sua Igreja, e esta se faz educadora daqueles que, chamados a uma primeira fé, vêm receber o dom total do Senhor. Está representada por quem preside, pelos padrinhos e fiéis. A Igreja abre-lhes o caminho de Cristo, para que possam amadurecer sua existência, colocando os alicerces da fé. Cristo os conduzirá neste caminho ao amor, a fim de possuírem a vida eterna.

Pede-se ao candidato uma primeira adesão; depois, são interrogados aqueles que conduziram o candidato. Trata-se de colocar-se sob a direção de Cristo e de seu Evangelho a fim de chegar, pela fé, à experiência de Deus vivo que fala aos seres humanos. Esse projeto realiza-se construindo, dia após dia, a própria vida segundo o estilo do Evangelho, confiando a si mesmo a Cristo e tendo-o como verdadeiro guia da própria existência.

O RICA estabelece a entrada no catecumenato com a assinalação da fronte e dos sentidos (ouvidos, olhos, boca, peito, ombros), sinal do amor de Deus e força para o seguimento.[4] É a resposta da Igreja ao pedido de fé. Aquele que pediu para ser colocado sob o senhorio de Cristo é posto em contato com sua cruz salvífica. Esse é o sinal sob o qual o catecúmeno deverá aprofundar a escolha de Cristo Senhor, para poder entrar na Igreja e em uma nova situação de vida. É marcado pela vitória de Cristo e deve empenhar-se, assim, em conhecê-lo e em viver com ele para adquirir a verdadeira sabedoria cristã, que é aquela da cruz (cf. 1Cor 1,18.24; 2,2).

Pela cruz a salvação entrou no mundo, Cristo venceu o mal, o pecado e a morte. Por ela igualmente somos salvos em Cristo. Porém, não nos devemos esquecer de que esse sinal não é só de Cristo, mas passa a ser do cristão, porque o Batismo é a configuração do fiel em Cristo, mais exatamente em sua Páscoa. Ao ser incorporado em Cristo, resta ao cristão viver a Páscoa em Cristo, aprendendo a doar a vida, a servir e a lutar contra o egoísmo, a vaidade, o consumismo, a superficialidade das relações. Ou seja, deverá perder a vida neste mundo para ganhá-la para o Reino.

É de notar que o primeiro gesto de admissão ao catecumenato, a assinalação com a cruz, alcança sua perfeição com a última assinalação, com o crisma do Espírito Santo. Ao assinalar com o crisma o sinal da cruz na testa do confirmando, deixa-se uma marca

---

[4] Cf. RICA, nn. 83-87.

impressa na alma, ação atribuída ao Espírito Santo. Completa-se o processo de renascimento à imagem e semelhança com o Pai e somente com a presença do Espírito será possível seguir a Cristo, carregando a cruz como discípulo.

As preces pelos catecúmenos mostram o sentido do amadurecimento progressivo que se abre e se realiza com vistas à fonte do novo nascimento e à renovação do Espírito Santo. A segunda oração conclusiva do rito, inspirada em Rm 8,29, recorda a criação do ser humano à imagem de Deus. Agora, os catecúmenos, renovados pela força da palavra de Cristo e pela graça, poderão ser plenamente conformados a Cristo.

Acontece uma primeira acolhida na Igreja, representada por aquele que preside, pelos padrinhos, introdutores e fiéis. Há uma primeira consagração dada como graça própria do rito; não é ato formal, como um registro no cartório, mas um evento de graça no qual Deus age mediante a palavra e o gesto da Igreja. A Igreja-comunidade manifesta-se em ação de graças.

A Iniciação começa quando a Igreja acolhe: sem Igreja e sem sua acolhida não há Iniciação. A Igreja é a fonte, o lugar e a meta da Iniciação; ela é o sujeito indispensável. É através da acolhida, testemunho e responsabilidade no acompanhamento, que a Igreja oferece a forte e atraente experiência de fé e comunhão para o iniciado.

Há que notar a mudança de estatuto que sofre o indivíduo: após ser introduzido na Igreja, receber a signação da cruz e inscrever seu nome no livro dos catecúmenos, começa a pertencer à Igreja e é desde já cristão sem ser ainda fiel.[5] A Mãe Igreja acolhe o candidato como pertencendo aos seus. Este último é assumido como filho, mas deverá esperar o Batismo para ser membro do corpo de Cristo.[6] Como membro da Igreja, terá deveres e direitos de acordo com seu estado. Por isso participa da celebração da Palavra, recebe o Evangelho, terá direito a matrimônio e exéquias cristãs.

Introdutor

O tempo do pré-catecumenato põe em evidência o ministério do introdutor. "O candidato que solicita sua admissão entre os catecúmenos é acompanhado por um introdutor, homem ou mulher, que o conhece, ajuda e é testemunha dos seus costumes, fé e de seu desejo".[7] Trata-se de um ministério que

---

[5] Cf. RICA, n. 14.
[6] Cf. RICA, n. 18: "Desde então os catecúmenos, cercados pelo amor e pela proteção da Mãe Igreja como pertencendo aos seus e unidos a ela, já fazem parte da família de Cristo: são alimentados pela Igreja com a Palavra de Deus e incentivados por atos litúrgicos […]".
[7] RICA, n. 42.

se parece com o do orientador espiritual, que escuta ativamente, sabe aconselhar, animar e, sobretudo, dá testemunho de vivência da fé.

O introdutor é alguém mais experiente na vida de fé que, partilhando sua própria experiência com o candidato, vai ajudá-lo a estabelecer uma relação pessoal com Deus e com a comunidade. Será aquele amigo que conversará particularmente com o candidato, escutará sua história de vida, seus anseios e projetos. Anunciará o querigma, auxiliará na descoberta pessoal da Boa-Nova e acompanhará o processo de conversão. Também o ajudará a dar os primeiros passos na vida de comunidade e o acompanhará no crescimento de sua oração.

Possivelmente, será membro ativo de alguma pastoral. O grupo de introdutores se enriquece quando seus membros são participantes das diversas pastorais e dos movimentos paroquiais, visto que um dos objetivos do trabalho do introdutor é o estreitamento de laços do candidato com a comunidade, para dar-lhe maior segurança e força para o início de sua caminhada cristã.

Em qualquer situação, a evangelização deve acontecer num clima de acolhimento, com linguagem acessível e em tom coloquial, para que as pessoas sintam-se à vontade em participar. O acompanhamento espiritual dado pelos introdutores, no início da caminhada de fé, tem as seguintes finalidades:

- favorecer a atuação do Espírito Santo, que realiza a iniciação da pessoa na vida de Cristo e da Igreja;
- ajudar na compreensão do Evangelho e na adesão à Pessoa de Jesus Cristo;
- estimular a pessoa no processo de conversão e vivência do Evangelho;
- clarear, motivar e orientar a leitura bíblica e a oração pessoal.[8]

Como preparar

Na véspera da Celebração da entrada, é muito importante que os catecúmenos e catequizandos se reúnam com seus catequistas e, possivelmente, com seus introdutores, para um encontro de oração e de preparação.

Proposta: meditar, orar e cantar a partir do texto de Mt 4,18-22 ("Venham comigo! Então eles largaram tudo e foram com Jesus!"). No final, o catequista explica como será a celebração da entrada.

A equipe deverá preparar Bíblias e crucifixos para todos os participantes do catecumenato.

---

[8] Transcrevemos: ARQUIDIOCESE DO RIO DE JANEIRO. *Diretório Arquidiocesano da Iniciação Cristã*. Rio de Janeiro: Ed. Nossa Senhora da Paz, 2008, nn. 10.22.119.120.124.125.

Celebração da entrada no catecumenato

*(Esta primeira parte substitui o rito inicial da missa.)

73. Os candidatos, com seus introdutores e os fiéis, podem reunir-se fora do limiar da igreja: no átrio ou na entrada, numa parte apropriada da igreja ou, conforme as circunstâncias, em outro lugar adequado fora do templo.

Rito de acolhida

74. Quem preside saúda cordialmente os candidatos. Dirigindo-se a eles e a todos os presentes, expressa a alegria e a ação de graças da Igreja, e lembra aos introdutores e amigos a experiência pessoal e o senso religioso que levaram os candidatos, em seu itinerário espiritual, à celebração da etapa deste dia.

Diálogo

75. Quem preside pergunta a cada catecúmeno, se for o caso, seu nome. Pode-se fazer deste modo ou de outro semelhante.

Presidente: Qual é o seu nome?

Catecúmeno: (N.)

Presidente: Que você pede à Igreja de Deus?

Catecúmeno: A fé.

Presidente: E essa fé, que lhe dará?

Catecúmeno: A vida eterna.

Quem preside pode também interrogar com outras palavras e admitir respostas espontâneas. Por exemplo, depois da primeira pergunta: "Que pedes?" "O que desejas?" "Para que vieste?", são permitidas as respostas: "A graça de Cristo", ou "A admissão na Igreja", ou "A vida eterna", ou outras adequadas, às quais quem preside adaptará suas perguntas.

*(Quem preside estabelece um diálogo com os catequizandos para que haja, igualmente, a acolhida destes como uma nova e mais responsável aproximação da comunidade viva.)

Presidente: Queridos catequizandos, o que vocês pedem à Igreja de Deus?

Catequizandos: Queremos ver Jesus!

Presidente: Estão dispostos a frequentar os encontros para escutar o anúncio da Palavra, conhecer o Senhor pela oração e a converter seu coração para ele?

Catequizandos: Sim, estamos!

Primeira adesão

76. Quem preside, acomodando, se necessário, sua alocução às respostas dos candidatos, dirige-lhes estas palavras ou outras semelhantes:

A vida eterna consiste em conhecermos o verdadeiro Deus e Jesus Cristo, que ele enviou. Ressuscitando dos mortos, Jesus foi constituído, por Deus, Senhor da vida e de todas as coisas, visíveis e invisíveis. Se vocês querem ser discípulos seus e membros da Igreja, é preciso que sejam instruídos em toda a verdade revelada por ele; que aprendam a ter os mesmos sentimentos de Jesus Cristo e procurem viver segundo os preceitos do Evangelho; e, portanto, que amem o Senhor Deus e o próximo como Cristo nos mandou fazer, dando-nos o exemplo. Cada um de vocês está de acordo com tudo isso?

Candidatos: Estou.

77. Quem preside, voltando-se para os introdutores, catequistas e fiéis, interroga-os com estas palavras ou outras semelhantes:

Vocês, introdutores e catequistas, que nos apresentam agora estes candidatos, e vocês, nossos irmãos e irmãs aqui presentes, estão dispostos a ajudá-los a encontrar e seguir o Cristo?

Introdutores e fiéis: Estou.

82. Quem preside, de mãos unidas, diz:

Pai de bondade, nós vos agradecemos por estes vossos servos e servas, que de muitos modos inspirastes e atraístes. Eles vos procuraram e responderam na presença desta santa assembleia ao chamado que hoje lhes dirigistes. Por isso, Senhor Deus, nós vos louvamos e bendizemos.

Todos respondem, dizendo ou cantando:
Todos: Bendito seja Deus para sempre!

Assinalação da fronte e dos sentidos

83. Quem preside convida os candidatos e seus introdutores, com estas palavras ou outras semelhantes:

Cristo os chamou para serem amigos dele. Lembrem-se sempre dele e sejam fiéis em segui-lo! Para isso, vou marcá-los com o sinal da cruz de Cristo, que é o sinal dos cristãos. Este sinal vai, daqui em diante, fazê-los lembrar de Cristo e de seu amor por vocês.

Os candidatos, com os introdutores, se aproximam sucessivamente de quem preside, que faz com o polegar o sinal da cruz na fronte de cada um, dizendo:

Recebe na fronte o sinal da cruz. O próprio Cristo te protege com o sinal de seu amor. Aprende a conhecê-lo e segui-lo.

85. Procede-se à assinalação dos sentidos (a juízo, porém, de quem preside, pode ser omitida em parte ou inteiramente).

As assinalações são feitas pelos catequistas ou pelos introdutores (em circunstâncias especiais, podem ser feitas por vários presbíteros ou diáconos). A fórmula é sempre dita por quem preside.

Ao assinalar os ouvidos:

Recebam nos ouvidos o sinal da cruz, para que ouçam a voz do Senhor.

Ao assinalar os olhos:

Recebam nos olhos o sinal da cruz, para que vejam a glória de Deus.

Ao assinalar a boca:
Recebam na boca o sinal da cruz, para que respondam à Palavra de Deus.

Ao assinalar o peito:
Recebam no peito o sinal da cruz, para que Cristo habite pela fé no coração de vocês.

Ao assinalar os ombros:
Recebam nos ombros o sinal da cruz, para que carreguem o jugo suave de Cristo.

Quem preside, sem tocar nos catecúmenos, faz o sinal da cruz sobre todos ao mesmo tempo, dizendo:
Eu os marco com o sinal da cruz: em nome do Pai e do Filho e do Espírito Santo, para que tenham a vida eterna.
Candidatos: Amém.

86. Pode-se cantar esta aclamação de louvor a Cristo:
Glória a ti, Senhor, toda graça e louvor.

87. Quem preside diz:
Oremos. Deus todo-poderoso, que pela cruz e ressurreição de vosso Filho destes a vida ao vosso povo, concedei que estes vossos servos e servas, marcados com o sinal da cruz, seguindo os passos de Cristo, conservem em sua vida a graça da vitória da cruz e a manifestem por palavras e gestos. Por Cristo, nosso Senhor.

Ritos auxiliares

89. Podem-se dar crucifixos ou uma cruzinha para pôr no pescoço, em recordação da assinalação. Se alguns costumes parecerem apropriados para expressar o ingresso na comunidade, podem ser inseridos antes ou depois da entrada na igreja.

Ingresso na igreja

90. Se o rito de acolhida tiver sido feito à porta da igreja ou outro local, quem preside, com um gesto, convida os catecúmenos, catequizandos e participantes a entrar com os introdutores na igreja, dizendo estas palavras ou outras semelhantes:

Entrem na igreja para participar conosco na mesa da Palavra de Deus.

Enquanto isso, canta-se um canto apropriado.

Liturgia da Palavra

91. Estando os catecúmenos e catequizandos em seus lugares, quem preside dirige-lhes breve alocução, mostrando a dignidade da Palavra de Deus, que é anunciada e ouvida na assembleia litúrgica.

O livro das Sagradas Escrituras é trazido em procissão e colocado respeitosamente na mesa da Palavra, podendo também ser incensado. Segue-se a celebração da Palavra de Deus com as leituras próprias do dia. Segue-se a homilia.

Entrega do livro da Palavra de Deus

93. Depois da homilia, quem preside entrega aos catecúmenos e aos catequizandos, com dignidade e reverência, Bíblias, dizendo estas ou outras palavras:

Recebe o livro da Palavra de Deus. Que ela seja luz para a tua vida.

O catecúmeno e o catequizando poderão responder de modo apropriado à oferta e às palavras de quem preside.

Preces pelos catecúmenos e catequizandos

94. A assembleia dos fiéis faz estas preces ou outras semelhantes:

Presidente: Oremos por nossos irmãos e irmãs. Eles já fizeram um percurso. Agradeçamos pela benevolência de Deus que os conduziu a este dia e peçamos que possam percorrer o grande caminho que ainda falta para participarem plenamente de nossa vida.

Leitor: Senhor, que a proclamação e escuta da vossa Palavra revele aos catecúmenos e catequizandos Jesus Cristo, vosso Filho.

Todos: Senhor, atendei a nossa prece!

Leitor: Inspirai, Senhor, esses candidatos, para que, com generosidade e disponibilidade, acolham vossa vontade.

Todos: Senhor, atendei a nossa prece!

Leitor: Senhor, sustentai, com o auxílio sincero e constante dos catequistas e introdutores, a caminhada destes vossos servos.

Todos: Senhor, atendei a nossa prece!

Leitor: Fazei, Senhor, que a nossa comunidade, unida na oração e na prática da caridade, seja exemplo de vida para estes catecúmenos e catequizandos.

Todos: Senhor, atendei a nossa prece!

Leitor: Senhor, tornai-nos sensíveis às necessidades e aos sofrimentos de nossos irmãos e irmãs, e inspirai-nos gestos de solidariedade.

Todos: Senhor, atendei a nossa prece!

Leitor: Senhor, iluminados por vossa Palavra e amparados pela comunidade, estes catecúmenos sejam considerados dignos do Batismo e estes vossos eleitos, da renovação do Espírito Santo.

Todos: Senhor, atendei a nossa prece!

Oração conclusiva

98. Os catecúmenos e os catequizandos se dirigem à frente e se ajoelham diante de quem preside. Este, com as mãos estendidas sobre os candidatos, diz a seguinte oração:

Oremos. Deus eterno e todo-poderoso, sois o Pai de todos e criastes o homem e a mulher à vossa imagem. Acolhei com amor estes nossos queridos irmãos e irmãs e concedei que eles, renova-

dos pela força da palavra de Cristo, que ouviram nesta assembleia, cheguem pela vossa graça à plena conformidade com vosso Filho Jesus. Que vive e reina para sempre.
Todos: Amém.

Segue a liturgia eucarística ou a bênção final. Após a celebração, os catecúmenos e os catequizandos, juntamente com os introdutores, catequistas e outros membros da comunidade, permaneçam juntos, para partilhar as alegrias e confraternizar.

Entrega do Mandamento do Senhor

Eu vos dou um novo mandamento:
amai-vos uns aos outros

Jesus nos ensina a amar. Não como o mundo ama, segundo as aparências e a força do poder e do dinheiro. Sua encarnação, como o Filho de Deus, inaugura um novo tempo. "Cumpriu-se o tempo e o Reino de Deus está próximo. Arrependei-vos e crede no Evangelho" (Mc 1,15).

Jesus anunciava a Boa-Nova do Reino para todos. Não excluía ninguém. Oferecia um lugar aos que não tinham vez na convivência humana. Recebia como irmão e irmã aqueles que o sistema religioso e a sociedade desprezavam e excluíam: prostitutas e pecadores (cf. Mt 21,31-32); pagãos e samaritanos (cf. Lc 7,2-10); leprosos e possessos (cf. Mt 8,2-4); mulheres, crianças e doentes (cf. Mc 1,32); publicanos e soldados (cf. Lc 18,9-14); e muitos pobres (cf. Mt 5,3).[1]

---

[1] CNBB. *Comunidade de comunidades*: uma nova paróquia. São Paulo: Paulinas, 2014, n. 69. Documentos da CNBB, n. 100.

Por isso, o evangelista Lucas registra: "Todos os publicanos e pecadores aproximavam-se de Jesus para o escutar. Os fariseus e os escribas, porém, murmuravam contra ele. 'Este homem acolhe os pecadores e come com eles'" (15,1-2).

O Reino subverte a lógica deste mundo. Trata-se de um amor traduzido em gestos concretos. Diante de Jesus, todos são convidados a partilhar seus bens (Lc 12,33-34), a fazer do necessitado o próximo (Lc 10,29-37). A parábola do juízo final (Mt 25,31-46) indica claramente o critério fundamental que leva à pertença ao Reino: a solidariedade com os marginalizados. O Reino interpela, exige fraternidade e justiça.

Jesus inaugura o Reino promovendo a vida; por isso, ele, o Messias: cura leprosos e doentes, recupera a vista dos cegos, expulsa demônios, perdoa pecados, abençoa crianças, ressuscita mortos... Sinais estes que antecipam o Reino em nosso tempo e apontam para a sua plenitude na Jerusalém Celeste.

A parábola do bom samaritano (Lc 10,25-37) é um claro exemplo do novo modo de viver no Reino. Os samaritanos eram considerados mestiços e não eram bem-vistos pelos judeus nos dias de Jesus. O relacionamento entre esses dois grupos – judeus e samaritanos – havia chegado ao máximo de tensão quando os samaritanos profanaram o pátio do Templo, espalhando nele ossos humanos, por ocasião de uma festa pascal. Existia um ódio mortal entre eles que não permitia nenhum tipo de reconciliação. A escolha de Jesus por um samaritano nos ensina que o mandamento do amor não conhece limites. Aquele considerado inimigo e de má fama, por pertencer a um povo desprezado, esse sim responde corretamente à pergunta: quem é o meu próximo? E dessa forma cumpre o mandamento já prescrito no Antigo Testamento.

Jesus resume toda a Lei em um só mandamento: "Amar a Deus de todo coração, de toda inteligência e com toda a força, e amar o próximo como a si mesmo. Isto supera todos os holocaustos e sacrifícios" (Mc 12,33). Jesus não olha para a Lei como uma lista de preceitos, mas como totalidade que se compreende na união de uma dupla fidelidade: para com Deus (Dt 6,5) e para com todo ser humano (Lv 19,18; Mt 5,43-45). Esse amor bidirecional se torna o princípio para interpretar e aplicar a vontade divina presente no Antigo Testamento.

O Evangelho de João conclui que ele nos amou até o fim. O memorial de seu sacrifício na cruz, a Eucaristia, constituirá o sacramento do seu amor como corpo doado e sangue derramado. Desde o catecumenato, seus integrantes são convidados a direcionar suas atitudes para o amor concreto a Deus que se traduz no amor aos irmãos. "Ouvistes o que foi dito: 'Amarás o teu próximo e odiarás o teu inimigo!' Ora, eu vos digo: Amai os vossos inimigos e orai por aqueles que vos perseguem! Assim vos tornareis filhos do vosso Pai... Se amais somente aqueles que vos amam, que recompensa tereis?" (Mt 5,43-46).

Por isso, o *Itinerário catequético* propõe esta celebração com o objetivo de levar os catecúmenos e catequizandos a assumirem a proposta de Jesus como referencial para a própria vida.

Como preparar

A equipe prepare os pergaminhos com a passagem de Mateus 22,37-40 impressa.

Celebração de entrega do Mandamento do Amor

No *Itinerário catequético*, esta celebração acontece em um dia de espiritualidade. A entrega se realiza em uma celebração da Palavra ou em uma missa durante a semana, com leituras apropriadas. Sugere-se a proclamação do Evangelho: João 13,34-35. Após a homilia:

Catequista: Aproximem-se os catecúmenos e catequizandos para receber o Mandamento do Amor.

Presidente: Meus amigos e amigas, no Evangelho segundo João, o mandamento novo de Jesus completa o gesto que ele fez de lavar os pés dos discípulos, formando a herança que ele deixou para os seus seguidores.

A medida do amor tampouco é amar ao próximo como a si mesmo, mas sim como Jesus mesmo nos amou. E sabemos que ele nos amou até o fim, a ponto de entregar a própria vida por nós na cruz. É o amor que forma a comunidade dos discípulos, fazendo dela testemunha para todos.

No Evangelho, a prática do amor requer renúncia da própria vontade, doação de si e do tempo para cuidar e proteger o próximo. O Senhor nos ensina isto com o seu exemplo. Amparados na graça que ele nos dá para o seguirmos, vocês querem seguir o maior mandamento da lei de Deus?

Catecúmenos e catequizandos: Sim, queremos.
Presidente: Entrego-lhes o Mandamento do Amor. Foi assim que Jesus resumiu todos os mandamentos: amem ao Senhor seu Deus. Amem ao seu próximo, sobretudo os que sofrem. Amem-se uns aos outros, em comunidade.

Quem preside entrega aos catecúmenos e catequizandos o Mandamento do Amor. Depois, pede-lhes que se voltem para a assembleia.

Presidente: Os fariseus ouviram dizer que Jesus tinha feito calar os saduceus. Então se reuniram, e um deles, um doutor da Lei, perguntou-lhe, para experimentá-lo: "Mestre, qual é o maior mandamento da Lei?". Ele respondeu:

Os catecúmenos e os catequizandos leem a resposta no pergaminho:

Catecúmenos e catequizandos: "'Amarás o Senhor, teu Deus, com todo o teu coração, com toda a tua alma e com todo o teu entendimento!' Esse é o maior e o primeiro mandamento. Ora, o segundo lhe é semelhante: 'Amarás teu próximo como a ti mesmo'" (Mt 22,37-40).

Presidente: "Como eu vos amei, assim também vos amai uns aos outros. Nisso, todos reconhecerão que sois meus discípulos: se tiverdes amor uns pelos outros" (Jo 13,34-35).

Cantar três vezes o mantra: "Onde reina o amor, fraterno amor, onde reina o amor, Deus aí está".

Oração sobre os catecúmenos e catequizandos

Presidente: Oremos. Ó Pai, que resumistes toda a lei no amor a Deus e ao próximo, fazei que, observando o vosso mandamento, consigamos chegar um dia à vida eterna. Por nosso Senhor Jesus Cristo, vosso Filho, na unidade do Espírito Santo.

Os catecúmenos e os catequizandos se ajoelham. Quem preside, de mãos estendidas sobre eles, pede para toda comunidade acompanhar o gesto e diz:

Oremos. Senhor Deus todo-poderoso, olhai os vossos servos e servas que são formados segundo o Evangelho de Cristo: fazei que vos conheçam e amem e, generosos e prontos, cumpram a vossa vontade. Dignai-vos prepará-los por esta santa iniciação e incorporai-os à vossa Igreja para que participem dos vossos mistérios neste mundo e na eternidade.[1]

Quem preside, impõe as mãos sobre cada catecúmeno e catequizando. Depois, segue a liturgia eucarística.

---

[1] RICA, n. 123.

Entrega do Símbolo da fé

Meu Senhor e meu Deus

"No decorrer do tempo do catecumenato, faça-se a entrega do Símbolo. O momento oportuno poderia ser escolhido segundo a evolução da catequese, de forma que coincida com a instrução sobre as verdades fundamentais da fé cristã e o modo de vivê-las no dia a dia. A entrega do Símbolo pode ser feita também na semana depois do primeiro escrutínio."[1]

"Convém que a celebração seja feita em presença da comunidade dos fiéis, depois da liturgia da Palavra, na missa do dia de semana, com leituras apropriadas."[2] Com a finalidade de valorizar mais a presença da comunidade, a celebração poderá ter lugar em uma missa dominical depois da liturgia da

---
[1] RICA, n. 184; 125-126.
[2] RICA, n. 182.

Palavra, com as leituras próprias do domingo. Após a homilia, o sacerdote reza o *Creio* e pede aos candidatos que devolvam essa mensagem à comunidade em forma de vivência cristã e prática evangélica em sua própria maneira de ser. Esta celebração marca mais um trecho percorrido, comprometendo ainda mais a pessoa.

Para os catecúmenos "realiza-se em primeiro lugar a 'entrega do Símbolo', que guardarão de memória e recitarão em público antes de professarem, no dia do Batismo, a fé que ele expressa".[3] Igual significado e força terá para os catequizandos que completam a iniciação, visto que pela primeira vez estão se defrontando com os documentos da fé e, igualmente, estão manifestando sua adesão e compromisso ao longo da vida.

Ao mesmo tempo que Igreja professa a fé através do Símbolo ou do Credo, ela também celebra tal fé através da oração, do culto dominical, que é a celebração da Eucaristia. Essa é outra dimensão importante do Credo. Por isso, em todas as missas dominicais a comunidade renova sua fé através da chamada profissão de fé. Assim, a Igreja crê naquilo que ela celebra e, por sua vez, celebra o conteúdo daquilo que ela crê.

Desde a antiguidade a Igreja conheceu o hábito de confiar aos catecúmenos alguns "documentos"

---

[3] RICA, n. 183.

considerados como o compêndio de sua fé e oração. A Igreja transmite aos catequizandos a fé que dará forma a toda a existência do cristão. É um ato que exprime a experiência de fé da Igreja local, da qual participa. Ao confiar-lhes o Símbolo, quer-se também afirmar que a fé é um dom de Deus que os candidatos, sob a ação da graça, devem fazer seu para dar cumprimento aos sacramentos pascais.

Estes deverão evidenciar os empenhos que estão para assumir para viver a fundo o mistério de Cristo. O cristão, a partir do dom do Creio e de sua pública confissão diante da comunidade, diz claramente qual seja, desde agora, o fundamento de sua vida: o que crê, por que crê e com que fé quer fazer de sua vida um testemunho do que professa, até mesmo chegar ao martírio.

Pode-se consultar com proveito o *Catecismo da Igreja Católica*, nn. 185-186.

Celebração da entrega do Símbolo da fé

185. Após a Liturgia da Palavra segue-se a homilia; quem preside, baseado no texto sagrado, expõe o significado e a importância do Símbolo para a catequese e a profissão de fé, que deve ser proclamada no Batismo e praticada durante toda a vida.

186. Depois da homilia, o diácono ou um catequista diz:

Aproximem-se os catecúmenos e os catequizandos para receberem da Igreja o Símbolo da fé.

Quem preside dirige-lhes estas palavras ou outras semelhantes:

Caríssimos, agora vocês escutarão as palavras da fé pela qual serão salvos. São poucas, mas contêm grandes mistérios. Recebam e guardem essas palavras com pureza de coração.

Quem preside começa o Símbolo, dizendo:

Creio em Deus,

e continua sozinho ou com a comunidade dos fiéis:

Pai todo-poderoso,

*(Recomenda-se entregar o Símbolo impresso em formato de pergaminho para cada um do grupo catecumenal.)

Oração sobre os candidatos

187. O diácono ou outro ministro convida os catecúmenos e catequizandos a se ajoelharem. Quem preside diz, com estas palavras ou outras semelhantes:

Oremos pelos nossos catecúmenos e catequizandos: que o Senhor nosso Deus abra os seus corações e as portas da misericórdia para que possam receber nas águas do Batismo e nas lágrimas da penitência o perdão de todos os seus pecados e a alegria de viver sempre em Cristo.

Todos: Amém.

Quem preside, com as mãos estendidas sobre os candidatos, diz:

Senhor, fonte da luz e da verdade, imploramos vosso amor de Pai em favor destes vossos servos: purificai-os e santificai-os; dai-lhes verdadeira ciência, firme esperança e santa doutrina para que se tornem dignos da graça do Batismo (que já receberam ou que vão receber). Por Cristo, nosso Senhor.

*(Seguem-se as orações dos fiéis da missa.)

Entrega da Oração do Senhor

Senhor, ensina-nos a orar

"No decorrer do tempo do catecumenato, pode-se fazer a entrega da Oração do Senhor. Desde a antiguidade é a oração característica dos que recebem no Batismo o espírito de adoção de filhos e será dita pelos neófitos, com os outros batizados, na primeira Eucaristia de que participarem. O momento oportuno poderá ser escolhido segundo a evolução da catequese, de forma que coincida com o aprofundamento da vida de oração dos catecúmenos."[1]

O *Itinerário catequético* prevê esta celebração para catecúmenos e catequizandos.

"A entrega da Oração do Senhor pode ser feita também na semana depois do terceiro escrutínio (cf. nn. 125-126); em caso de necessidade, é permitido

---

[1] RICA, n. 188.

transferi-la para os ritos de preparação imediata, no Sábado Santo (cf. nn. 193ss)."[2]

O RICA prevê a entrega desta oração em uma celebração da Palavra, para a qual se propõem as seguintes leituras: o profeta Oseias mostra Deus, que volta para o povo o seu amor (Os 11,1b.3-4.8c-9); Paulo fala aos cristãos de Roma que recebemos o Espírito de adoção, pelo qual podemos dizer: "Abbá, Pai" (Rm 8,14-17.26-27; ou Gl 4,4-7). No Evangelho, Jesus ensina a oração do Pai-Nosso (Mt 6,9-13).

De forma alternativa, se o grupo catecumenal contemplar em sua maioria batizados que irão receber os outros dois sacramentos, poder-se-ia entregar esta oração em uma missa dominical da comunidade logo após a doxologia ("Por Cristo, com Cristo..."). Dirigindo-se aos candidatos espontaneamente, quem preside faz a monição, a comunidade reza o Pai-Nosso e, em seguida, o presidente reza sobre os candidatos a oração própria. Esta forma tem a vantagem de não alterar a agenda paroquial nem o andamento da celebração dominical, além de valorizar mais a presença da comunidade

Na Oração do Senhor, os candidatos percebem melhor o novo espírito de filhos, pelo qual, sobretudo na reunião eucarística, darão a Deus o nome de

---

[2] RICA, n. 189.

Pai. Esta catequese centra-se, sobretudo, no fato da adoção, que permite ao batizado dizer: "Pai".

É essencialmente uma iniciação à oração, pela qual os candidatos voltam-se para Deus, chamando-o de Pai. Vemos uma catequese estreitamente unida à história da salvação. A entrega do Pai-Nosso faz de cada cristão um filho que tem a audácia de falar com Deus como falava Jesus, e deve fazer do Pai-Nosso, a oração do Reino, o ideal de sua vida.

Celebração da entrega da Oração do Senhor

191. O diácono ou um catequista diz:

Aproximem-se os que vão receber a Oração do Senhor.

Quem preside dirige aos catecúmenos estas palavras ou outras semelhantes:

Caros catecúmenos e catequizandos, vocês ouvirão agora como o Senhor ensinou seus discípulos a rezar.
Leitura do Evangelho de Jesus Cristo segundo Mt 6,9-13 – *Oração do Pai-Nosso*.

Após a proclamação do Evangelho, segue-se a homilia, na qual quem preside expõe o significado e a importância da Oração do Senhor.

Oração sobre os candidatos

192. O diácono ou outro ministro convida os candidatos a se ajoelharem, dizendo:

Prezados catecúmenos e catequizandos, ajoelhem-se para a oração sobre vocês.

Quem preside, com estas palavras ou outras semelhantes, convida os fiéis a orar:

Oremos pelos nossos catecúmenos e catequizandos: Que o Senhor nosso Deus abra o coração deles e as portas da misericórdia, para que, vindo a receber nas águas do Batismo o perdão de todos os seus pecados, sejam incorporados no Cristo Jesus. E, aqueles que já foram purificados nas águas batismais, possam estreitar ainda mais sua amizade com o Pai.

Todos rezam em silêncio. Quem preside, com as mãos estendidas sobre os candidatos, diz:

Deus eterno e todo-poderoso, que por novos nascimentos tornais fecunda a vossa Igreja, aumentai a fé e o entendimento dos nossos catecúmenos e catequizandos para que, renascidos pelo Batismo, sejam contados entre os vossos filhos adotivos. Por Cristo, nosso Senhor.

Todos: Amém.

Eleição

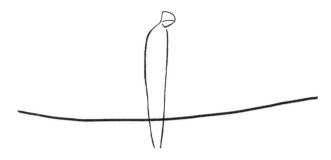

Jesus foi conduzido ao deserto pelo Espírito

O tempo da iluminação ou da purificação dá acabamento à preparação anterior, na medida em que está mais relacionado à vida interior; busca que o eleito adquira um profundo sentido de Cristo e da Igreja para que existencialmente possa perceber o mistério de salvação revelado em Cristo e presente na sua Igreja. Diante desse mistério, ele é convidado a orientar seus propósitos e a unir-se mais estreitamente a Cristo. A salvação em Cristo contrapõe-se ao mistério do pecado e, por isso, o RICA quer que o eleito progrida no conhecimento de si mesmo e, por meio do exame sincero de consciência e da verdadeira penitência, seja instruído gradativamente sobre tal mistério e levado a libertar-se das consequências do pecado e das influências do mal.

Este rito[1] conclui o catecumenato e o candidato passa à categoria de eleito ou iluminado. O termo eleito indica que os crentes são objeto da ação gratuita de Deus: ele os tem iluminado, e agora, à sua luz, devem caminhar certos de que Deus não faltará nunca à sua fidelidade.

O *Itinerário catequético* prevê esta celebração para catecúmenos e catequizandos. No caso dos catequizandos, apresenta o objetivo desta celebração: "Agradecer o caminho feito e manifestar publicamente o processo de amadurecimento na fé, e, quando houver, em vista da preparação imediata para o complemento sacramental da IVC".[2] Por isso, após a inscrição dos nomes, acrescenta a possibilidade de haver testemunhos pessoais.

Nesta celebração, devem estar presentes também os padrinhos e as madrinhas, sobretudo dos que vão ser batizados. Os padrinhos deverão ser escolhidos pelos catecúmenos com bastante antecedência, com a aprovação do sacerdote e conforme as normas da Igreja.[3]

O rito conta com a séria avaliação da comunidade sobre a formação e os progressos do catecúmeno e ressalta a importância da comunidade eclesial no

---

[1] Cf. RICA, nn. 6b, 22-23, 41.3, 44, 51, 61, 66.6, 133-150, 374bis-375.
[2] *Itinerário catequético*, p. 82.
[3] Cf. RICA, n. 43.

ato de acolher esses dons que Deus faz à sua Igreja. A Igreja admite o candidato baseada na eleição de Deus, em cujo nome ela age. A autenticidade do rito pede que, de fato, as partes interessadas deliberem acerca da idoneidade do candidato. Padres, diáconos, catequistas, padrinhos e delegados representam a Igreja que os conduz ao encontro do Cristo.

O pedido de entrar na comunidade é resultante de três aspectos: o dom de Deus, a correspondência do candidato, o empenho da comunidade. O discernimento comunitário fundamenta-se no cumprimento dos pré-requisitos sobre a idoneidade/maturidade do candidato, que permitem avançar mais um grau no caminho espiritual. O padrinho e a madrinha são interrogados sobre a fidelidade deles às catequeses, sobre o esforço de caminhar diante de Deus e de unir-se à comunidade. A eleição abre o grande retiro da penitência quaresmal.

O rito de admissão é celebrado normalmente no primeiro domingo da Quaresma, depois da homilia. As leituras devem ser aquelas do ciclo A. A Igreja mostra a situação do eleito: aquela de uma pessoa oprimida pelo mal (Gn 2,7-9; 3,1-7), mas também vencedora, porque Cristo, nossa cabeça, venceu a tentação (Mt 4,1-11). Jesus vai ao deserto. No silêncio e na solidão, ele se depara com as ofertas do mundo. Desejamos que ele sacie todo nosso desejo material: são as pedras transformadas em pão. Mas ele responde: "Nem só de pão vive o homem, mas de toda Palavra que sai da boca de Deus".

Há quem espere de Cristo muitos milagres. Se Deus não corresponde aos nossos pedidos, achamos que ele nos abandonou. É a esperança de um Deus apenas fazedor de milagres. Jesus diz: "Não tentarás o Senhor". Na terceira tentação aparece o desejo de poder. Jesus responde ao poder com a palavra serviço. Quem deseja ser grande no céu, deve servir. Este é o poder que salva a pessoa humana.

Nas tentações, Jesus aponta um caminho: rejeitar as coisas que passam e abraçar as que não passam. Somos tentados todos os dias, mas é preciso optar sempre pela Verdade! Optar pelo Pai de Jesus! Escolher o caminho de Jesus.

A segunda leitura é encorajante e positiva: lá onde abundou o pecado, derramou-se a graça em plenitude (Rm 5,12-19).

Na apresentação dos candidatos, um ministro, em nome da comunidade, apresenta o pedido oficial de que seja permitido àqueles candidatos participar dos sacramentos pascais. Após a admissão, segue a oração pelos eleitos, com a participação da comunidade, que pede a Deus por todos os que vão intervir na iniciação durante aquela Quaresma, quando mais uma vez fica marcado que a iniciação é obra de toda a comunidade unida ao seu Senhor.

O presidente, depois de certificar-se com os padrinhos da adequada preparação, volta-se, agora, aos candidatos e indaga se querem ser iniciados nos sacramentos do Batismo, da Confirmação e da Eucaristia. Ao responderem afirmativamente, irão inscrever seus nomes no registro dos eleitos para receber os sacramentos pascais. O rito é chamado também de "inscrição do nome", porque os candidatos, em penhor de sua fidelidade, inscrevem seus nomes no registro dos eleitos.

O RICA apresenta a oração conclusiva da celebração da eleição com o gesto de imposição das mãos sobre os eleitos.[4] Deus cria o gênero humano e o restaura; inclina-se, agora, sobre seus filhos de adoção e quer inscrever, na nova aliança, os filhos de uma nova raça; tornar-se-ão os filhos da promessa. O que eles são incapazes de adquirir por si mesmos e por suas forças, alegram-se por receber pelo dom de Deus.

A segunda parte da oração mostra como Deus quer restaurar tudo no Cristo e como atrai os seres humanos a ele. Foi ele quem os constituiu para o reino de seu Filho e os assinalará com o Espírito Santo prometido.

Para os catequizandos, o rito da eleição deverá exprimir a inscrição para receber o sacramento da Confirmação e/ou da Eucaristia.

---
[4] Cf. RICA, n. 149.

Como preparar

Promover uma conversa com os participantes: Quem sabe o significado do próprio nome? Qual é? Por que foi escolhido? Quem passou a gostar mais do seu nome depois de saber o que significa? Por que nosso nome é importante para nós? Será que Deus sabe o nosso nome? O que quer dizer o texto de Isaías e o que isso tem de importante na nossa vida? Quais eram os nomes de Jesus (Emanuel, Cristo, Nazareno etc.)? O catequista pode se apoiar em Is 43,1-7 – "Chamei-te pelo teu nome, tu és meu!".

> Cada ser humano é único, não repetível, insubstituível em sua singularidade pessoal. Somos pensados e amados por Deus, desde a eternidade, nesta individualidade singular. O nome exprime essa identidade pessoal a ser reconhecida pelos outros, chamada a colocar-se a serviço de todos. Na Sagrada Escritura, o nome é parte essencial da pessoa (cf. 1Sm 25,25), de tal forma que o que não tem nome não existe (cf. Ecl 6,10), sendo a pessoa sem nome um homem insignificante, desprezível (cf. Jó 30,8). O nome equivale à própria pessoa (cf. Nm 1,2.42; Ap 3,4; 11,13). Por isso, ao dar uma missão a alguém, Deus lhe muda o nome: assim com Abraão (Gn 17,5) [...]; Jesus muda o nome de Simão para Pedro (cf. Mt 16,18; Mc 3,16-17) [...]. O nome de Jesus simboliza a sua missão: Jesus (do hebraico *Yehoshúa*) significa "Javé salva" (cf. Mt 1,21). O nome, em outras palavras, significa a missão que se recebe na história da salvação.[5]

---

[5] CNBB. *Batismo de crianças*, op. cit., nn. 29.32.34-35. Documentos da CNBB, n. 19.

É necessário que os candidatos se preparem para esta eleição por meio de um encontro de oração (vigília), a ser feito na igreja, na véspera. Depois de um momento de adoração ao Santíssimo Sacramento, leia-se e medite-se Jo 21,1-23: a eleição de Pedro ("Pedro, tu me amas?"). Convidem-se os catecúmenos a fazerem um sincero exame de consciência, dando-lhes por escrito estas duas perguntas: 1) "Pedro, tu me amas?". E eu amo o Senhor Jesus? 2) Amanhã, no Rito da eleição, será feita esta pergunta: "Vocês querem ser discípulos de Jesus e prosseguir fiéis a Jesus Cristo e a sua santa Igreja?".

No final deste encontro de oração, deve ser feita uma breve explicação sobre o rito do dia seguinte.

Celebração da eleição

140. Realize-se o rito na celebração do primeiro domingo da Quaresma, depois da homilia.

*(Para esta celebração, no Missal Romano há a missa ritual própria: na celebração dos sacramentos de iniciação cristã – para escolha ou inscrição do nome. Estas mesmas orações também se encontram no RICA, n. 374bis.)

142. A homilia, apropriada às circunstâncias, seja dirigida tanto aos catecúmenos e catequizandos como à comunidade dos fiéis, para que estes, esforçando-se por dar um bom exemplo, iniciem com os eleitos o caminho para os mistérios pascais.

*(Devem estar presentes também padrinhos e madrinhas.)

Apresentação dos candidatos

143. Após a homilia, a pessoa encarregada da iniciação [...] apresenta os que vão ser eleitos, com estas palavras ou outras semelhantes:

Padre N., aproximando-se as solenidades pascais, os catecúmenos e os catequizandos aqui presentes, confiantes na graça divina e ajudados pela oração e exemplo da comunidade, pedem humildemente que, depois da preparação necessária e da celebração dos escrutínios, lhes seja permitido participar da celebração dos sacramentos.

Quem preside responde:

Aproximem-se, com seus padrinhos e madrinhas, os que vão ser eleitos.

O catequista chama cada candidato pelo nome. À medida que é chamado, ele se levanta, ergue o braço e diz: "Senhor, tu me chamaste. Aqui estou!". Adianta-se com o padrinho ou a madrinha e permanece diante de quem preside.

Se forem muitos, faça-se a apresentação de todos ao mesmo tempo, por exemplo, por meio dos respectivos catequistas, sendo aconselhável que estes, numa celebração prévia, chamem pelo nome os seus candidatos antes de comparecerem ao rito comum. Sejam chamados separadamente os catecúmenos e os catequizandos.

144. *Quem preside prossegue:*

A santa Igreja de Deus deseja certificar-se de que estes catecúmenos e catequizandos estão em condições de ser admitidos para a celebração das próximas solenidades pascais.

E dirigindo-se aos padrinhos:

Peço, por isso, a vocês, padrinhos e madrinhas, darem testemunho a respeito da conduta desses candidatos: ouviram eles fielmente a Palavra de Deus anunciada pela Igreja?

Padrinhos: Ouviram.

Presidente: Estão vivendo na presença de Deus, de acordo com o que lhes foi ensinado?

Padrinhos: Estão.

Presidente: Têm participado da vida e da oração da comunidade?

Padrinhos: Têm participado.

Exame e petição dos candidatos

146. Quem preside exorta e interroga os candidatos com estas palavras ou outras semelhantes:

Agora me dirijo a vocês, prezados catecúmenos e catequizandos. Seus padrinhos e catequistas e muitos da comunidade deram testemunho favorável a respeito de vocês. Confiando em seu parecer, a Igreja, em nome de Cristo, chama vocês para os sacramentos pascais. Vocês, tendo ouvido a voz de Cristo, devem agora lhe responder perante a Igreja, manifestando a sua intenção. Catecúmenos e catequizandos, vocês querem receber os sacramentos na próxima Vigília Pascal?

Candidatos: Queremos.

Presidente: Querem prosseguir fiéis à santa Igreja, continuando a frequentar a catequese, participando da vida da comunidade?

Candidatos: Queremos.

Presidente: Algum candidato quer manifestar-se sobre a transformação interior que ocorreu neste tempo de catequese e de convivência comunitária?

Alguns candidatos testemunham sobre sua experiência de fé no catecumenato.

Presidente: Deem, por favor, os seus nomes.

Os candidatos, com seus padrinhos, aproximando-se de quem preside, ou permanecendo em seus lugares, dão o nome. A inscrição pode ser feita de vários modos: o nome é inscrito pelo próprio candidato ou, pronunciado claramente, é anotado pelo padrinho ou por quem preside. Se os candidatos forem muitos, o *coordenador* apresenta a lista dos nomes a quem preside com estas palavras ou outras semelhantes:

São estes os nomes...

Durante a inscrição dos nomes, pode-se cantar um canto apropriado, por exemplo, o Sl 15.

Admissão ou eleição

147. Terminada a inscrição dos nomes, quem preside dirige aos candidatos estas palavras ou outras semelhantes:

Eu os declaro eleitos para completarem a iniciação ou serem iniciados nos sagrados mistérios na próxima Vigília Pascal.

Candidatos: Graças a Deus!

Presidente: Deus é sempre fiel ao seu chamado e nunca lhes negará a sua ajuda. Vocês devem se esforçar para serem fiéis a ele e realizar plenamente o significado desta eleição.

Dirigindo-se aos padrinhos, quem preside exorta-os com estas palavras ou outras semelhantes:

Estes candidatos, de quem vocês deram testemunho, foram confiados a vocês no Senhor. Acompanhem-nos com o auxílio e o exemplo fraterno até os sacramentos da vida divina.

E convida-os a pôr a mão no ombro dos candidatos, a quem recebem como afilhados, ou a fazer outro gesto de igual significação.

Oração pelos eleitos

148. A comunidade reza pelos eleitos com estas palavras ou outras semelhantes:

Presidente: Queridos irmãos e irmãs, preparando-nos para celebrar os mistérios da paixão e ressurreição, iniciamos hoje os exercícios quaresmais. Os eleitos que conduzimos conosco aos sacramentos pascais esperam de nós um exemplo de conversão. Roguemos ao Senhor por eles e por nós, a fim de que nos animemos por nossa mútua renovação e sejamos dignos das graças pascais.

Leitor: Nós vos rogamos, Senhor, que por vossa graça estes eleitos encontrem alegria na sua oração cotidiana e a vivam cada vez mais em união convosco.

Todos: Nós vos rogamos, Senhor!

Leitor: Alegrem-se de ler vossa Palavra e meditá-la em seu coração.

Todos: Nós vos rogamos, Senhor!

Leitor: Reconheçam humildemente seus defeitos e comecem a corrigi-los com firmeza.

Todos: Nós vos rogamos, Senhor!

Leitor: Transformem o trabalho cotidiano em oferenda que vos seja agradável.

Todos: Nós vos rogamos, Senhor!

Leitor: Tenham sempre alguma coisa a oferecer-vos em cada dia da Quaresma.

Todos: Nós vos rogamos, Senhor!

Leitor: Acostumem-se a amar e a cultivar a virtude e a santidade de vida.

Todos: Nós vos rogamos, Senhor!

Leitor: Renunciando a si mesmos, busquem mais o bem do próximo do que o seu próprio bem.

Todos: Nós vos rogamos, Senhor!

Leitor: Partilhem com os outros a alegria que lhes foi dada pela fé.

Todos: Nós vos rogamos, Senhor!

Leitor: Em vossa bondade, guardai e abençoai as suas famílias.

Todos: Nós vos rogamos, Senhor!

149. Quem preside, com as mãos estendidas sobre os eleitos, conclui as preces com esta oração:

Pai amado e todo-poderoso, vós quereis restaurar todas as coisas no Cristo e atraís toda a humanidade para ele. Guiai estes eleitos da vossa Igreja e concedei que, fiéis à sua vocação, possam integrar-se no reino de vosso Filho e ser assinalados com o dom do Espírito Santo. Por Cristo, nosso Senhor.

Todos: Amém.

151. Prossegue-se à Eucaristia com a oração dos fiéis em favor das necessidades da Igreja e do mundo. Em seguida, diz-se o Creio e preparam-se as oferendas. Pode-se, contudo, por motivos pastorais, omitir a oração dos fiéis e o Creio.

Escrutínios

O tempo da eleição apresenta as mais altas características da espiritualidade cristã que o eleito prova e nelas se exercita: confiando na palavra de Cristo, vivam na liberdade dos filhos de Deus, contemplando a sabedoria da cruz; possam gloriar-se em Deus, que confunde a sabedoria deste mundo (Gl 6,14; 1Cor 1,22ss); libertados pelo poder do Espírito Santo, passem do temor à confiança; tornando-se homens de fé, procurem conhecer o que é justo e santo; todos os que sofrem perseguição pelo Reino de Deus, sejam por ele ajudados; solicitados pelas coisas do mundo, permaneçamos fiéis ao espírito do Evangelho.[1]

Os escrutínios são importantes por motivo de seu fundamento bíblico e por sua longa tradição catecumenal romana da antiguidade cristã. Os três escrutínios, compostos com a sequência oração, prece pelos eleitos e exorcismo, fazem presente a realidade salvífica, mediante a qual os eleitos poderão impregnar-se do sentido da redenção de Cristo, purificar o espírito e o coração, fortalecer-se contra as tentações e abrir o coração para receber os dons do Salvador.[2]

---

[1] Cf. RICA, n. 170.
[2] Cf. RICA, nn. 154-157.

Os escrutínios desenvolvem-se no quadro geral da Quaresma preparatória ao Batismo, com a Igreja reunida no domingo, e contam com a intervenção de vários ministros. Aqui se apresenta a oportunidade de a comunidade cristã viver a realidade salvífica da iniciação junto de seus eleitos e, destes, se sentirem introduzidos verdadeiramente em sua comunidade.

O *Itinerário catequético* prevê estas celebrações apenas para o catecúmeno, com o objetivo de ele: "Reconhecer a fragilidade humana e acolher a graça de Deus que é a Água Viva, a Luz e a Vida nova".[3] Esta prática tem sido variada e, em muitos lugares do Brasil, também os catequizandos recebem as orações do escrutínio.

O escrutínio não é um exame sobre o conhecimento da verdade da fé da parte do bispo, mas é, antes de tudo, um discernimento, na oração, da situação de conversão do candidato. Tem um duplo fim:

> [...] descobrir o que houver de imperfeito, fraco e mau no coração dos eleitos para curá-los; e o que houver de bom, forte, santo, para consolidá-lo. Os escrutínios estão, portanto, orientados para libertar do pecado e do demônio e confirmam no Cristo, que é o caminho, a verdade e a vida dos eleitos.[4]

---

[3] *Itinerário catequético*, p. 76.
[4] RICA, n. 25.1.

É, sobretudo, uma ação divina através da qual Deus penetra e sonda o coração. Deus elegeu o catecúmeno, depositou sua graça e agora quer colher todo o progresso na resposta à gratuidade de sua ação. O escrutínio, de outra parte, é um sinal escatológico que revela o juízo em Cristo Jesus, por meio da fé.

Os escrutínios querem proporcionar aos eleitos o conhecimento de si mesmos por meio do exame de consciência e da verdadeira penitência; instruir gradativamente sobre o mistério do mal que os envolve; e formá-los para que tenham consciência do pecado. Dessa forma, poderão libertar-se de suas consequências e purificar o espírito e o coração. As orações estimulam as vontades para que se unam mais estreitamente a Cristo, impregnem-se do sentido da redenção, fortaleçam-se contra as tentações e adquiram um sentido mais profundo de Igreja. Assim, fortalecidos em seu caminho espiritual, reavivam o desejo de amar a Deus e abram os corações para receber os dons do Senhor no sacramento.[5]

São conhecidas as atitudes requeridas aos candidatos, que já deverão ter sido desenvolvidas no exercício catecumenal: assíduos na oração, vivam cada vez mais em união com o Pai; transformem o trabalho cotidiano em oferenda agradável; abstenham-se

---
[5] Cf. RICA, nn. 154-157.

corajosamente de tudo o que lhes possa manchar a pureza de coração; acostumem-se a amar e cultivar a virtude e a santidade de vida; renunciando a si mesmos, busquem mais o bem do próximo do que o próprio bem; partilhem com os outros a alegria que lhes foi dada pela fé.[6]

Os escrutínios, menos que exames sobre a idoneidade moral, são exorcismos que preparam os eleitos para ser assumidos pelo Espírito que lhes outorgará a adoção filial. A força do Espírito robustece-os de virtudes; somente o Espírito Santo é capaz de libertá-los do pai da mentira e converter seus corações, "para que o Espírito Santo, que sonda os corações de todos, fortifique com a força divina a sua fraqueza".[7]

Os escrutínios têm a finalidade de conjurar Satã, obstáculo principal do eleito em chegar ao Batismo, ao mesmo tempo que possibilitam a entrada de Deus no seu coração para prová-lo, purificá-lo e iluminá-los por um conhecimento mais profundo de Cristo.[8] O eleito reconhece a situação de pecado que o envolve e, paulatinamente, é libertado para receber o mistério salvador na Páscoa do Senhor. Em todos os modelos dessas orações, ocorre verdadeiro derramamento do Espírito para a transformação do eleito.

---

[6] Cf. RICA, nn. 148, 163.1, 164, 171, 177, 378-379, 383.
[7] Cf. RICA, n. 378.
[8] Cf. RICA, n. 25.

Nos escrutínios, o cristão é fundamentalmente orientado a não buscar a água viva da felicidade fora de Cristo. A água/Espírito aponta-nos o essencial para nossa sobrevivência: quem beber do Espírito derramado por Cristo é capaz de reconhecer sua real condição pecadora, e somente buscando o manancial verdadeiro nunca mais terá sede.

A luz é o mesmo Cristo, luz do mundo, que afasta definitivamente a cegueira produzida pelo pecado com suas obras e seduções.

Ao enfrentar o drama da morte, o eleito tem condições de abrir-se para realidades mais amplas e encontrar a finalidade última de sua existência. O cristão não terá medo da morte, porque Cristo é a ressurreição e a vida.

Primeiro escrutínio: a água e o Espírito

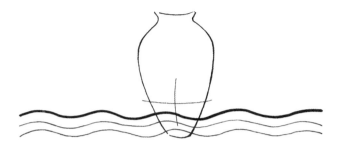

Senhor, dá-me dessa água,
para que eu não tenha mais sede

No primeiro escrutínio encontramos Jesus dialogando com a samaritana, na beira de um poço. Para "quebrar o gelo", o próprio Jesus começa o diálogo pedindo água. A mulher, fechada nos preconceitos e discriminações, questiona como Jesus se dirige a ela sendo judeu. Os samaritanos não gostavam dos judeus por questões antigas; no tempo de Jesus não era permitido sequer que conversassem uns com os outros. Jesus quebra este tabu.

Jesus fala à mulher de uma água viva que ele conhece. Ela, porém, pensa somente na água material e pergunta como ele tira essa água do poço? Jesus, então, revela para aquela estrangeira a verdadeira água da vida que somente ele pode dar. No diálogo, a água torna-se portadora de graça, uma água com a qual não se tem mais sede. Haverá um novo templo, todos os batizados, e um novo culto em espírito e verdade. O Evangelho vem ligado com a primeira leitura (Ex 17,3-7), em que a água do monte Horeb salva o povo no deserto. Para o batizado, o amor de Deus foi derramado no seu coração por meio do dom do Espírito Santo (Rm 5,1-2.5.8).

A samaritana anda em busca da água viva, tem sede e a suplica; sabe que necessita adorar em espírito e verdade; acolhe o Cristo. Porém, ela não tem ideia de estar no pecado; somente depois da revelação de Cristo poderá caminhar em direção a ele, a ponto de tornar-se apóstola.

A mulher pede a Jesus que lhe dê de beber da água de que ele tanto fala. O Mestre oferece gratuitamente sua água, que é, na realidade, o dom de si mesmo. Na verdade, ele é a água viva que dá vida nova a todo que dela beber. Como aquela mulher no poço, também estamos sedentos de vida em abundância.[1]

---

[1] Consultar, com proveito, o primeiro capítulo de CNBB. *Iniciação à vida cristã*. op. cit., p. 19-28.

Celebração do primeiro escrutínio

*(Para esta celebração, no Missal Romano há a missa ritual própria: na celebração dos sacramentos de iniciação cristã – nos escrutínios. Estas mesmas orações também se encontram no RICA, nn. 160 e 377.)

Proclamação da Palavra e homilia

160. Celebra-se o primeiro escrutínio no 3º domingo da Quaresma. Usando-se sempre as fórmulas da missa do primeiro escrutínio e do Lecionário do Ano A (Evangelho da samaritana).

161. Quem preside, baseando-se nas leituras da Sagrada Escritura, expõe na homilia o sentido do primeiro escrutínio, levando em conta a liturgia quaresmal e o itinerário espiritual dos eleitos.

Oração em silêncio

162. Depois da homilia, os eleitos, com os padrinhos e as madrinhas, põem-se de pé diante de quem preside. Este, dirigindo-se primeiro aos fiéis, os convida a orar em silêncio pelos eleitos, implorando o espírito de penitência, a consciência do pecado e a verdadeira liberdade dos filhos de Deus.

Voltando-se para os eleitos, convida-os igualmente a orar em silêncio e exorta-os a manifestar pela atitude do corpo seu espírito de penitência, inclinando-se ou ajoelhando-se. Conclui com estas palavras ou outras semelhantes:

Eleitos de Deus, inclinem-se (ou ajoelhem-se) para a oração.

Os eleitos inclinam-se ou ajoelham-se. Todos rezam durante um momento em silêncio e, se for oportuno, erguem-se em seguida.

Preces pelos eleitos

163. Durante as preces, os padrinhos e madrinhas colocam a mão direita sobre o ombro de cada eleito.

Presidente: Oremos por estes eleitos que a Igreja confiantemente escolheu após uma longa caminhada, para que, concluída sua preparação, nestas festas pascais, encontrem o Cristo nos seus sacramentos.

Leitor: Para que estes eleitos, a exemplo da samaritana, repassem suas vidas diante do Cristo e reconheçam os próprios pecados, roguemos ao Senhor.

Todos: Senhor, atendei a nossa prece!

Leitor: Para que sejam libertados do espírito de descrença que afasta a humanidade do caminho de Cristo, roguemos ao Senhor.

Todos: Senhor, atendei a nossa prece!

Leitor: Para que, à espera do dom de Deus, cresça neles o desejo da água viva que jorra para a vida eterna, roguemos ao Senhor.

Todos: Senhor, atendei a nossa prece!

Leitor: Para que, aceitando como mestre o Filho de Deus, sejam verdadeiros adoradores do Pai, em espírito e em verdade, roguemos ao Senhor.

Todos: Senhor, atendei a nossa prece!

Leitor: Para que, tendo experimentado o maravilhoso encontro com o Cristo, possam transmitir aos amigos e concidadãos sua mensagem de alegria, roguemos ao Senhor.

Todos: Senhor, atendei a nossa prece!

Leitor: Para que todos os que sofrem no mundo pela pobreza e pela falta da Palavra de Deus tenham a vida em plenitude prometida pelo Evangelho de Cristo, roguemos ao Senhor.

Todos: Senhor, atendei a nossa prece!

Leitor: Para que todos nós, acolhendo o ensinamento do Cristo e aceitando a vontade do Pai, possamos realizar amorosamente a sua obra, roguemos ao Senhor.

Todos: Senhor, atendei a nossa prece!

Outra fórmula de prece pelos eleitos: Textos diversos, n. 378 [163].

Exorcismo

164. Depois das preces, de mãos unidas e voltado para os eleitos, quem preside diz:

Oremos. Pai de misericórdia, por vosso Filho vos compadecestes da samaritana e, com a mesma ternura de Pai, oferecestes a salvação a todo pecador. Olhai em vosso amor estes eleitos que desejam receber, pelos sacramentos, a adoção de filhos e o dom do Espírito: que eles, livres da servidão do pecado e do pesado jugo do demônio, recebam o suave jugo de Cristo. Protegei-os em todos os perigos, a fim de que vos sirvam fielmente na paz e na alegria e vos rendam graças para sempre. Por Cristo, nosso Senhor.

Todos: Amém.

Se puder fazê-lo comodamente, quem preside, em silêncio, imporá a mão sobre cada eleito. Com as mãos estendidas sobre eles, continua:

Senhor Jesus, que em vossa admirável misericórdia convertestes a samaritana, para que adorasse o Pai em espírito e verdade, libertai agora das ciladas do demônio estes eleitos que se aproximam das fontes da água viva; convertei seus corações pela força do Espírito Santo, a fim de conhecerem o vosso Pai, pela fé sincera que se manifesta na caridade. Vós que viveis e reinais para sempre.

Todos: Amém.

Outra fórmula de exorcismo: Textos diversos, n. 379, p. 202. Pode-se entoar um canto apropriado, escolhido, por exemplo, entre os Salmos 6, 25, 31, 37, 38, 39, 50, 114, 129, 138, 141. Textos diversos, n. 379, p. 203.

Despedida dos eleitos

Os eleitos permanecem na igreja e participam da liturgia eucarística. A equipe avalie se é o caso de os eleitos ao Batismo saírem ou não.

165. Quem preside, despede os eleitos (não batizados), dizendo:

Vão em paz (e compareçam ao próximo escrutínio). O Senhor os acompanhe.
Os eleitos: Graças a Deus.

Celebração da Eucaristia

166. Depois da saída dos eleitos, prossegue-se à Eucaristia, com a oração dos fiéis pelas necessidades da Igreja e do mundo. Em seguida, diz-se o Creio e preparam-se as oferendas. Pode-se, contudo, por motivos pastorais, omitir a oração dos fiéis e o Creio. Na Oração eucarística, comemorem-se os eleitos e os padrinhos (cf. n. 377).

[183.] No decurso da semana pode ser celebrado o rito da entrega da Oração do Senhor, caso se tenha considerado melhor não celebrá-lo no tempo anterior.

Segundo escrutínio: Cristo, a luz da fé

Eu creio, Senhor!

O segundo escrutínio celebra Jesus, que restitui a vista ao cego de nascimento (Jo 9,1-41). A cegueira faz muita gente viver triste e incapaz de perceber a luz da verdade e o amor. Também somos cegos a tantas realidades! Há os que se isolam num mundo de fantasias e se enganam. Não enxergam a violência, o tráfico de drogas, a violação dos direitos humanos, as injustiças com o povo indígena... Há também os exagerados, aqueles que não têm mais esperança.

Essa cura mostra que Jesus tem a capacidade de devolver a vista e conduzir à luz os que vivem nas trevas. Apesar dos sinais prodigiosos que realiza, os fariseus negam-se a crer e a aceitar que Jesus venha de Deus. Vivem encerrados em seu legalismo e numa visão estreita da vontade de Deus, por isso são incapazes de reconhecer Jesus como o Messias enviado por Deus. Ao contrário, quem foi curado de sua cegueira o confessa como Senhor. Esse processo indica, igualmente, que a fé é um dom de Deus que recebem aqueles que se mostram receptivos. Aquele que, no princípio do relato, era cego, acaba vendo, enquanto os fariseus, que creem ter a visão adequada da realidade, são apresentados como os que têm a cegueira mais profunda.

Indica o que passa com os eleitos: seus olhos abrem-se à luz. Como pela escolha e unção de Davi (1Sm 16,1-4.6-7.10.13), assim será com o batizado, escolhido e ungido por Deus. O batizado levanta-se pela morte e Cristo o ilumina (Ef 5,8-15). É o pecado do mundo, do qual o eleito é prisioneiro e cúmplice e com o qual se deve ter a coragem de romper para entrar na Igreja e ganhar a Cristo. O fundamento dessa realidade é a oposição incrédula da sinagoga unida à indiferença da sua família, que impedem a profissão de fé do cego de nascimento. O mal e a ação do demônio situam-se, portanto, também sobre o plano social. Por isso o catecúmeno, a caminho de sua profissão de fé batismal, deve ser liberado, por meio de Cristo, da solidariedade com o mundo.

O Cristo, luz do mundo, afasta definitivamente a cegueira produzida pelo pecado com suas obras e seduções. O Pai liberta os eleitos dos erros que os cegam, "libertados de todo poder do príncipe das trevas, possam ser filhos da luz para sempre". Esse escrutínio declara a messianidade de Jesus, pela qual o eleito é iluminado inconfundivelmente por meio da fé.

Celebração do segundo escrutínio

*(Para esta celebração, no Missal Romano há a missa ritual própria: na celebração dos sacramentos de iniciação cristã – nos escrutínios. Estas mesmas orações também se encontram no RICA, nn. 167 e 381.)

Proclamação da Palavra e homilia

167. Celebra-se o segundo escrutínio no 4º domingo da Quaresma, usando-se sempre as fórmulas do Missal e do Lecionário do Ano A (Evangelho do cego de nascença, nn. 380-381).

168. Quem preside, baseando-se nas leituras da Sagrada Escritura, expõe na homilia o sentido do segundo escrutínio, levando em conta a liturgia quaresmal e o itinerário espiritual dos eleitos.

Oração em silêncio

169. Depois da homilia, os eleitos, com os padrinhos e madrinhas, põem-se de pé diante de quem preside. Este, dirigindo-se primeiro aos fiéis, os convida a orar em silêncio pelos eleitos, implorando o espírito de penitência, a consciência do pecado e a verdadeira liberdade dos filhos de Deus.

Voltando-se para os eleitos, convida-os igualmente a orar em silêncio e exorta-os a manifestar pela atitude do corpo seu espírito de penitência, inclinando-se ou ajoelhando-se. Conclui com estas palavras ou outras semelhantes:

Eleitos de Deus, inclinem-se (ou ajoelhem-se) para a oração.

Os eleitos inclinam-se ou ajoelham-se. Todos rezam um momento em silêncio e, se for oportuno, erguem-se em seguida.

Preces pelos eleitos

170. Durante as preces, os padrinhos e madrinhas colocam a mão direita sobre o ombro de cada eleito.

Presidente: Oremos, irmãos e irmãs, por estes eleitos chamados por Deus, para que, permanecendo nele, deem, por uma vida santa, testemunho do Evangelho.

Leitor: Para que Deus dissipe as trevas, e sua luz brilhe nos corações destes eleitos, roguemos ao Senhor.

Todos: Senhor, atendei a nossa prece!

Leitor: Para que o Pai conduza esses eleitos a seu Cristo, luz do mundo, roguemos ao Senhor.

Todos: Senhor, atendei a nossa prece!

Leitor: Para que Deus abra o coração desses eleitos, e eles proclamem a sua fé no Senhor da luz e fonte da verdade, roguemos ao Senhor.

Todos: Senhor, atendei a nossa prece!

Leitor: Para que Deus preserve esses eleitos da incredulidade deste mundo, roguemos ao Senhor.

Todos: Senhor, atendei a nossa prece!

Leitor: Para que, salvos por aquele que tira o pecado do mundo, sejam libertados do contágio e da influência do mal, roguemos ao Senhor.

Todos: Senhor, atendei a nossa prece!

Leitor: Para que, iluminados pelo Espírito Santo, sempre proclamem e comuniquem aos outros o Evangelho da salvação, roguemos ao Senhor.

Todos: Senhor, atendei a nossa prece!

Leitor: Para que todos nós, pelo exemplo de nossa vida, sejamos em Cristo luz do mundo, roguemos ao Senhor.

Todos: Senhor, atendei a nossa prece!

Leitor: Para que o mundo inteiro conheça o verdadeiro Deus, Criador de todos, que dá aos seres humanos o espírito e a vida, roguemos ao Senhor.

Todos: Senhor, atendei a nossa prece!

Exorcismo

171. Depois das preces, de mãos unidas e voltado para os eleitos, quem preside diz:

Oremos. Pai de bondade, que destes ao cego de nascença a graça de crer em vosso Filho e de alcançar pela fé o vosso reino de luz, libertai estes eleitos dos erros que cegam e concedei-lhes, de olhos fixos na verdade, tornarem-se para sempre filhos da luz. Por Cristo, nosso Senhor.

Todos: Amém.

Se puder fazê-lo comodamente, quem preside, em silêncio, imporá a mão sobre cada eleito. Com as mãos estendidas sobre eles, continua:

Senhor Jesus, luz verdadeira, que iluminais toda a humanidade, libertai, pelo Espírito da verdade, os que se encontram oprimidos pelo pai da mentira, e despertai a boa vontade dos que chamastes aos vossos sacramentos, para que, na alegria da vossa luz, tornem-se, como o cego outrora iluminado, audazes testemunhas da fé. Vós que viveis e reinais para sempre.

Todos: Amém.

Outra prece de exorcismo: Textos diversos, n. 383.

Pode-se cantar um canto apropriado, escolhido, por exemplo, entre os Salmos 6, 25, 31, 38, 39, 50, 114, 129, 138, 141; Textos diversos, n. 379.

Despedida dos eleitos

*(Os eleitos permanecem na igreja e participam da liturgia eucarística. A equipe avalie se é o caso de os eleitos ao Batismo saírem ou não.)

172. Quem preside, despede os eleitos dizendo:

Vão em paz e compareçam ao próximo escrutínio. O Senhor os acompanhe.

Os eleitos: Graças a Deus!

Celebração da Eucaristia

173. Depois da saída dos eleitos, prossegue-se à Eucaristia, com a oração dos fiéis em favor das necessidades da Igreja e do mundo. Em seguida, diz-se o Creio e preparam-se as oferendas. Pode-se, contudo, por motivos pastorais, omitir a oração dos fiéis e o Creio. Na oração eucarística, comemorem-se os eleitos e os padrinhos (cf. n. 377).

[183.] No decurso da semana pode ser celebrado o rito da entrega do Símbolo, caso se tenha considerado melhor não celebrá-lo no tempo anterior.

Terceiro escrutínio: morte e vida

Eu sou a ressurreição e a vida.
Quem crê em mim, viverá!

O terceiro escrutínio segue Jo 11,1-45, quando Jesus ressuscita Lázaro. O terceiro escrutínio coloca o eleito diante do drama da morte, pois assim terá condições de abrir-se para realidades mais amplas, que lhe darão a razão fundamental do porquê estar neste mundo, norteando a finalidade última de sua existência. Lázaro é o personagem emblemático da humanidade libertada da morte pela vitória da ressurreição e que se faz presente, agora, nas águas do novo nascimento.

O tema da vida marca o cume para o qual tendem os eleitos. Considera o mal – na sua dimensão última e radical, a morte, que conduz à corrupção – como obstáculo para encontrar Cristo. Desenvolve-se a relação morte–pecado–Satanás. O Cristo é vida e ressurreição. Lázaro, colocado no caminho de Jesus em direção à própria morte, antecipa-lhe o mistério da ressurreição. Jesus anuncia que tem o poder sobre a morte. Ele, que ressuscita o morto já enterrado no sepulcro, não pode conhecer a corrupção porque é a Ressurreição e a vida. O mistério de Lázaro é o de nossa humanidade, enferma e pecadora, destinada à morte.

Cristo veio curar a humanidade e anunciar a promessa de uma vida imortal. Aquele que a plasmou do barro da terra, a recria em suas mãos. Quem infundiu o alento da vida, ressuscita-a anunciando uma vida imortal e gloriosa. Na ressurreição de Lázaro contemplamos o mistério de Cristo, que, além do odor de nossa morte e de nossa decomposição, é capaz de infundir-nos o sopro vivificante do Espírito que anuncia a ressurreição definitiva. O Evangelho da ressurreição de Lázaro é a matriz daquela de Cristo e de todos os batizados chamados a uma vida nova (Jo 11,1-45).

Apesar de toda dor e tristeza, para os que acreditam em Jesus, morrer é entregar-se confiante nas mãos de Deus e receber uma vida imortal. Essa esperança na Ressurreição faz com que o cristão, marcado pela alegria, viva neste mundo como um viajante para a casa do Pai, porque a vida plena já está garantida em Jesus, Senhor da Vida e da Ressurreição.

Ser batizado significa possuir o Espírito de Jesus e estar destinado à ressurreição e à vida plena em Cristo. É necessário que cada um deixe esquadrinhar sua mente e seu coração por este Cristo Ressuscitado e ressuscitador. Cada um de nós é um Lázaro que experimenta sua condição mortal, efeito do pecado. A morte fica virtualmente vencida em nossa existência. O Batismo é o mistério de morte e de vida. Submersos na morte com Cristo, ressuscitamos com ele.

A segunda leitura nota que o Espírito daquele que ressuscitou Jesus habita em nós (Rm 8,8-11). As preces pelos eleitos já se referem à grande festa da vida alicerçada na ressurreição do Senhor e trazem claras alusões aos sacramentos que serão recebidos proximamente.

Celebração do terceiro escrutínio

*(Para esta celebração, no Missal Romano há a missa ritual própria: Na celebração dos sacramentos de iniciação cristã – nos escrutínios. Estas mesmas orações também se encontram no RICA, nn. 174 e 385.)

Proclamação da Palavra e homilia

174. Celebra-se o terceiro escrutínio no 5º domingo da Quaresma, usando-se sempre as fórmulas do Missal e do Lecionário do Ano A: Evangelho da ressurreição de Lázaro.

175. Quem preside, baseando-se nas leituras da Sagrada Escritura, expõe na homilia o sentido do terceiro escrutínio, levando em conta a liturgia quaresmal e o itinerário espiritual dos eleitos.

Oração em silêncio

176. Depois da homilia os eleitos, com os padrinhos e as madrinhas, põem-se de pé diante de quem preside. Este, dirigindo-se primeiro aos fiéis, os convida a orar em silêncio pelos eleitos, implorando o espírito de penitência, a consciência do pecado e a verdadeira liberdade dos filhos de Deus.

Voltando-se para os eleitos, convida-os igualmente a orar em silêncio e exorta-os a manifestar pela atitude do corpo seu espírito de penitência, inclinando-se ou ajoelhando-se. Conclui com estas palavras ou outras semelhantes:

Eleitos de Deus, inclinem-se (ou ajoelhem-se) para a oração.

Os eleitos inclinam-se ou ajoelham-se. Todos rezam um momento em silêncio e, se for oportuno, erguem-se em seguida.

Preces pelos eleitos

177. Durante as preces, os padrinhos e madrinhas colocam a mão direita sobre o ombro de cada eleito.

Presidente: Oremos, irmãos e irmãs, por estes escolhidos de Deus, para que, participando da morte e ressurreição de Cristo, possam superar, pela graça dos sacramentos, o pecado e a morte.

Leitor: Para que estes eleitos recebam o dom da fé, pela qual proclamem que Cristo é a ressurreição à vida, roguemos ao Senhor.

Todos: Senhor, atendei a nossa prece!

Leitor: Para que, livres de seus pecados, deem frutos de santidade para a vida eterna, roguemos ao Senhor.

Todos: Senhor, atendei a nossa prece!

Leitor: Para que, rompidos pela penitência os laços do demônio, se tornem semelhantes a Cristo e, mortos para o pecado, vivam sempre para Deus, roguemos ao Senhor.

Todos: Senhor, atendei a nossa prece!

Leitor: Para que, na esperança do Espírito vivificante, se disponham corajosamente a renovar sua vida, roguemos ao Senhor.

Todos: Senhor, atendei a nossa prece!

Leitor: Para que se unam ao próprio autor da vida e da ressurreição pelo alimento eucarístico que vão receber em breve, roguemos ao Senhor.

Todos: Senhor, atendei a nossa prece!

Leitor: Para que todos nós, vivendo uma nova vida, manifestemos ao mundo o poder da ressurreição de Cristo, roguemos ao Senhor.

Todos: Senhor, atendei a nossa prece!

Leitor: Para que todos os habitantes da terra encontrem o Cristo e saibam que só ele possui as promessas da vida eterna, roguemos ao Senhor.

Todos: Senhor, atendei a nossa prece!

Outras preces: Textos diversos, n. 386.

Exorcismo

178. Depois das preces, de mãos unidas e voltado para os eleitos, quem preside diz:

Oremos. Deus Pai, fonte da vida, vossa glória está na vida feliz dos seres humanos e o vosso poder se revela na ressurreição dos mortos. Arrancai da morte os que escolhestes e desejam receber a vida pelo Batismo. Livrai-os da escravidão do demônio, que, pelo pecado, deu origem à morte e quis corromper o mundo que criastes bom. Submetei-os ao poder do vosso Filho amado, para receberem dele a força da ressurreição e testemunharem, diante de todos, a vossa glória. Por Cristo, nosso Senhor.

Todos: Amém.

Se puder fazê-lo comodamente, quem preside, em silêncio, imporá a mão sobre cada eleito. Com as mãos estendidas sobre eles, continua:

Senhor Jesus Cristo, que ordenastes a Lázaro sair vivo do túmulo e pela vossa ressurreição libertastes da morte toda a humanidade, nós vos imploramos em favor de vossos servos e servas, que acorrem às águas do novo nascimento e à ceia da vida; não permitais que o poder da morte retenha aqueles que, por sua fé, vão participar da vitória de vossa ressurreição. Vós que viveis e reinais para sempre.

Todos: Amém.

Pode-se cantar um canto apropriado, escolhido, por exemplo, entre os Salmos 6, 26, 31, 37, 38, 39, 50, 114, 129, 138, 141: Textos diversos, n. 379.

Despedida dos eleitos

Os eleitos permanecem na igreja e participam da liturgia eucarística. A equipe avalie se é o caso de os eleitos ao Batismo saírem ou não.

179. Quem preside, despede os eleitos dizendo:

Vão em paz e o Senhor os acompanhe.

Os eleitos: Graças a Deus!

Celebração da Eucaristia

180. Depois da saída dos eleitos, prossegue-se à Eucaristia, com a oração dos fiéis em favor das necessidades da Igreja e do mundo. Em seguida, diz-se o Creio e preparam-se as oferendas. Pode-se, contudo, por motivos pastorais, omitir a oração dos fiéis e o Creio. Na Oração eucarística, comemorem-se os eleitos e os padrinhos (cf. n. 377).

[183.] No decurso da semana pode ser celebrado o rito da entrega da Oração do Senhor, caso se tenha considerado melhor não celebrá-lo no tempo anterior.

Sacramento da Penitência

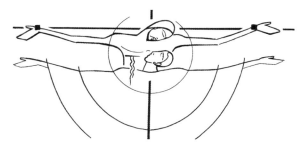

Mas era preciso festejar e alegrar-nos, porque este teu irmão estava morto e tornou a viver, estava perdido e foi encontrado

O *Itinerário catequético* prevê esta celebração para os adultos catequizandos, com as seguintes partes: revisão de vida, liturgia penitencial, celebração do sacramento da Reconciliação, prática da reconciliação e colóquios e aconselhamentos pessoais.

O documento 107 recomenda:

> No caso de adultos já batizados, uma boa preparação para o sacramento da Reconciliação (Confissão) seja feita com um destaque ao amor incondicional de Deus, que nunca desiste de nós e sempre abre um caminho de volta a quem perdeu o rumo. Assim, a Reconciliação, além de ser uma declaração de como somos pecadores, é um ato de confiança nesse amor que vai nos dar força para sermos melhores.[1]

---

[1] CNBB. IVC: itinerário para formar discípulos missionários, n. 171.

Esta celebração está colocada no tempo da Quaresma e será proveitosa para os batizados e não batizados, pois a conversão convém indistintamente a todos; no entanto, há que se diferenciar a dimensão ampla da conversão e aquela própria dos batizados: confissão e absolvição individuais e sacramentais. Obviamente, os eleitos ao Batismo não se confessarão.

> A Quaresma é o principal tempo de penitência, tanto para os indivíduos como para toda a Igreja. Convém, por conseguinte, preparar a comunidade cristã para este tempo, por meio de celebrações penitenciais, para que participe mais plenamente do Mistério Pascal.[2]

> As celebrações penitenciais, sobretudo quando se destinam a determinados grupos e circunstâncias, devem considerar atentamente as condições de vida, o modo de falar e a compreensão dos participantes. Por isso, cabe às Comissões de Liturgia e às respectivas comunidades preparar estas celebrações, de modo que para cada grupo e circunstância sejam escolhidos os textos mais apropriados e o esquema mais conveniente.[3]

De acordo com este princípio, o *Ritual* apresenta muitas variações para a mesma oração. Aqui apresentamos apenas um modelo, no entanto, a equipe poderá consultar as demais opções diretamente no *Ritual da Penitência*.

---

[2] *Ritual da Penitência*, Apêndice II, n. 5.
[3] *Ritual da Penitência*, Apêndice II, n. 2.

Celebração da Penitência com confissão e absolvição individuais

*(Seguiremos a celebração do Ritual da Penitência para ser realizada durante a Quaresma: "Penitência para robustecer ou recuperar a graça do Batismo". Esta se encontra no apêndice II (nn. 8-12) e acrescentaremos o "Rito para reconciliação de vários penitentes com confissão e absolvição individuais", nn. 54-59).

Depois de um canto apropriado e da saudação do ministro, sejam os fiéis orientados a respeito do sentido desta celebração que prepara a comunidade cristã para recordar, na Vigília Pascal, a graça do Batismo, e alcançar uma vida nova com Cristo mediante a libertação dos pecados.

Oração

Presidente: Oremos, irmãos e irmãs, para que sejamos renovados pela penitência na graça do Batismo, que nossos pecados nos fizeram esquecer. Ajoelhemo-nos (ou: inclinemos a cabeça) diante de Deus.

Todos oram por alguns momentos em silêncio.

Levantemo-nos.
Guardai, Senhor, com vossa clemência, aqueles que purificastes para que, tendo sido redimidos por vossa cruz, se alegrem com vossa ressurreição. Vós que viveis e reinais para sempre.
Todos: Amém.

Liturgia da Palavra

Leitor: Como os israelitas, depois da passagem do mar Vermelho, se esqueceram das maravilhas realizadas por Deus, assim também os membros do novo povo de Deus, depois da graça do Batismo, com frequência tornam a cair em pecado. Leitura da Primeira Carta de São Paulo aos Coríntios 10,1-13 – *Nossos pais estiveram todos debaixo da nuvem e todos passaram pelo mar.*

Salmo responsorial

Sl 105(106),6-10.13-14.19-22 – *A bondade do Senhor e a infidelidade do povo.*

Refrão: Pecamos como outrora nossos pais, Praticamos a maldade e fomos ímpios.

– *Pecamos como outrora nossos pais, praticamos a maldade e fomos ímpios; no Egito nossos pais não se importaram como os vossos admiráveis grandes feitos.*

– *Logo esqueceram vosso amor prodigioso e provocaram o Senhor no mar Vermelho; mas salvou-os pela honra de seu nome, para dar a conhecer o seu poder.*

– *Ameaçou o mar Vermelho e ele secou, entre as ondas os guiou como em deserto; dos seus perseguidores os salvou, e do poder do inimigo os libertou.*

– *Mas bem depressa esqueceram suas obras, não confiaram nos projetos do Senhor. No deserto deram largas à cobiça, na solidão eles tentaram o Senhor.*

– Construíram um bezerro no Horeb e adoraram uma estátua de metal; eles trocaram o seu Deus, que é sua glória, pela imagem de um boi que come feno.

– Esqueceram-se do Deus que os salvara, que fizera maravilhas no Egito; no país de Cam fez tantas obras admiráveis, no mar Vermelho, tantas coisas assombrosas.

O presidente proclama o Evangelho segundo Lucas 15,11-32 – *Quando ainda estava longe, seu pai o avistou e sentiu compaixão.*

Homilia

Nela se pode tratar: da necessidade de desenvolver a graça do Batismo pela fidelidade da vida ao Evangelho; da gravidade do pecado cometido depois do Batismo; da misericórdia infinita de nosso Pai e Deus, que nos recebe todas as vezes que voltamos a ele depois de nosso pecado; da Páscoa, como festa da Igreja que se alegra pela iniciação cristã dos catecúmenos e pela reconciliação dos penitentes.

Exame de consciência

Haverá sempre um momento de silêncio, para que cada um possa examinar-se de maneira mais pessoal. Devem-se considerar especialmente neste exame os compromissos do Batismo que se renovam na Vigília Pascal.

Rito da reconciliação

Quem preside:
Irmãos e irmãs, lembrados da bondade de Deus, nosso Pai, confessemos os nossos pecados para alcançar a sua misericórdia.

Todos: Confesso a Deus todo-poderoso e a vós, irmãos e irmãs, que pequei muitas vezes por pensamentos e palavras, atos e omissões:

E, batendo no peito, dizem:

Por minha culpa, minha tão grande culpa.

Em seguida, continuam:

E peço à Virgem Maria, aos anjos e santos e a vós, irmãos e irmãs, que rogueis por mim a Deus, nosso Senhor.

Quem preside ou um catequista:

Supliquemos humildemente ao Cristo Salvador, nosso advogado junto ao Pai, que perdoe os nossos pecados e nos purifique de todo mal.

Todos: Senhor, tende piedade de nós!

Senhor, que fostes enviado para evangelizar os pobres e salvar os corações arrependidos, tende piedade de nós!

Todos: Senhor, tende piedade de nós!

Senhor, que não viestes chamar os justos, mas os pecadores, tende piedade de nós!

Todos: Senhor, tende piedade de nós!

Senhor, que perdoastes muito àquela que muito amou, tende piedade de nós!

Todos: Senhor, tende piedade de nós!

Senhor, que não recusastes o convívio dos publicanos e pecadores, tende piedade de nós!

Todos: Senhor, tende piedade de nós!

Senhor, que reconduzistes sobre os vossos ombros a ovelha perdida, tende piedade de nós!

Todos: Senhor, tende piedade de nós!

Senhor, que não condenastes a adúltera, mas lhe dissestes: "Vai em paz", tende piedade de nós!

Todos: Senhor, tende piedade de nós!

Senhor, que chamastes o publicano Zaqueu à conversão e à vida nova, tende piedade de nós!

Todos: Senhor, tende piedade de nós!

Senhor, que prometestes o paraíso ao ladrão arrependido, tende piedade de nós!

Todos: Senhor, tende piedade de nós!

Senhor, que, vivendo à direita do Pai, sempre intercedeis por nós, tende piedade de nós!

Todos: Senhor, tende piedade de nós!

Quem preside:
Agora, como o próprio Cristo nos ordenou, peçamos junto ao Pai que perdoe os nossos pecados, assim como nos perdoamos uns aos outros:

Todos: Pai nosso…

Quem preside conclui:
Ó Deus, que quisestes socorrer a nossa fraqueza, concedei-nos receber com alegria a renova-

ção que trazeis e manifestá-la em nossa vida. Por Cristo, nosso Senhor.
Todos: Amém.

Confissão e absolvição individuais

Os penitentes aproximam-se dos sacerdotes colocados em lugares adequados, confessam seus pecados e, recebida a devida satisfação, são absolvidos individualmente.

Louvor a Deus por sua misericórdia

Terminadas as confissões individuais, o sacerdote que preside a celebração convida à ação de graças e exorta às boas obras, pelas quais se manifesta a graça da penitência na vida dos indivíduos e de toda a comunidade. Convém, portanto, cantar um salmo ou hino. Por exemplo, o Cântico de Maria (Lc 1,46-55).

O catequista dirige-se aos presentes:
É chegado, irmãos e irmãs, o tempo da graça, o dia do perdão de Deus e da salvação do ser humano, no qual a morte foi vencida e teve início a vida eterna, quando, na vinha do Senhor, enquanto se faz a plantação dos novos ramos, podam-se os antigos para que deem mais frutos. Eis que cada um de nós se reconhece pecador e, enquanto é levado à penitência pelo exemplo e a oração dos irmãos e das irmãs, afirma publicamente: "Reconheço, Senhor, as minhas faltas

e tenho sempre presente o meu pecado. Afastai os vossos olhos do meu pecado, apagai em mim toda a culpa. Devolvei-me a alegria da vossa salvação, confirmai-me no vosso espírito". Que a misericórdia do Senhor venha em nosso auxílio, pois lhe dirigimos nossas súplicas e lhe pedimos perdão de coração contrito, para que, entristecidos pelas nossas faltas, possamos de agora em diante agradar ao Senhor na região dos vivos, com Cristo ressuscitado, autor de nossa vida.

O sacerdote asperge os presentes com água benta, enquanto cantam, depois reza a oração:

Ó Deus, que criastes com amor o gênero humano e em vossa misericórdia o restaurastes, redimistes com o sangue de vosso Filho único o ser humano, por inveja de Satanás, despojado da eternidade feliz. Dai vida, pelo Espírito Santo, aos que não desejais que pereçam; vós, que não os abandonais quando se extraviam, os acolhei quando se arrependem.

Deixai-vos mover, Senhor, pela humilde confissão dos vossos filhos e filhas. Curai suas feridas. Estendei vossa mão salvadora aos que jazem prostrados, para que a Igreja não seja mutilada em seu corpo, vosso rebanho não sofra nenhuma perda, o inimigo não se alegre com o dano causado à vossa família e a morte eterna não se apodere dos

que, no Batismo de Salvação, renasceram para a vida. A vós, Senhor, as nossas súplicas, a vós as lágrimas do coração. Perdoai àqueles que se reconhecem culpados, para que, afastados do erro e retomando o caminho da justiça, jamais sejam feridos pelo pecado, mas conservem para sempre o que receberam pela vossa graça e reconquistaram por vossa misericórdia. Por Cristo, nosso Senhor.
Todos: Amém.

Rito conclusivo

O sacerdote abençoa a todos, dizendo:

O Senhor vos conduza segundo o amor de Deus e a paciência de Cristo.

Todos: Amém.

Para que possais caminhar na vida nova e agradar a Deus em todas as coisas.

Todos: Amém.

Abençoe-vos Deus todo-poderoso, Pai, e Filho, e Espírito Santo, desça sobre vós e permaneça para sempre.

Todos: Amém.

O Senhor perdoou os vossos pecados. Ide em paz.

Todos: Graças a Deus!

Ritos preparatórios imediatos

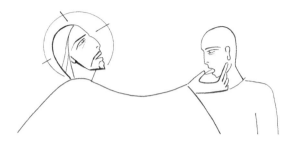

Imediatamente, abriram-se seus ouvidos, e falava corretamente

Para os eleitos que serão batizados, o *Itinerário catequético* prevê a celebração: 1) da recitação do Símbolo, 2) do "Éfeta" e 3) da unção dos catecúmenos no Sábado Santo pela manhã.

O Documento da CNBB, *Iniciação à vida cristã*, no n. 170, diz:

> Para que os catecúmenos e os catequizandos adultos se preparem para os sacramentos pelo recolhimento e a oração, pode-se realizar uma celebração no Sábado Santo pela manhã ou no começo da tarde, seguindo a sugestão do roteiro proposto pelo RICA a partir do n. 194, que inclui a recitação do símbolo, o "Éfeta", a escolha do nome cristão e, se for o caso, a unção com o óleo dos catecúmenos.

Se for oportuno, o RICA ressalva que se pode antecipar o rito do "Éfeta" e o rito da unção com o óleo dos catecúmenos para o tempo do catecumenato.[1] Sugerimos que a recitação do Símbolo e o rito do "Éfeta" sejam igualmente celebrados por todo o grupo. Já a unção pré-batismal se destinará somente aos catecúmenos. Se o pároco não puder estar presente, o rito pode ser dirigido por um diácono ou por um ministro extraordinário. Convidem-se os padrinhos e madrinhas.

Recitação do Símbolo: os eleitos são convidados a "recitar" o símbolo; aqui se poderá ler Mc 8,27-31 ou Jo 7,31-37, leituras que se referem a Cristo como o Filho de Deus e aquele que tem palavras de vida eterna. O celebrante reza, em seguida, sobre os eleitos e pede que eles cumpram, por suas ações, a vontade do Senhor.

"Éfeta": "Este rito, por seu próprio simbolismo, sugere a necessidade da graça para ouvir e professar a Palavra de Deus, a fim de se alcançar a salvação".[2] Lê-se o texto em que Jesus cura o surdo-mudo (Mc 7,31-37) e o celebrante, como gesto, toca com o polegar os ouvidos e os lábios de cada eleito.

O rito do "Éfeta", primeiro rito batismal da vigília, pelo qual o bispo ou ministro toca as orelhas e a boca do eleito, pode ser relido como uma grande abertura dos sentidos para o mundo da fé, de

---

[1] Cf. RICA, nn. 103.126-128.
[2] RICA, n. 200.

tal maneira que a Palavra e o símbolo sacramental encontrem, por parte do sujeito, a cooperação para a plenitude do acontecimento sacramental. Assim como aconteceu com o surdo-mudo (cf. Mc 7,31-37), abrem-se os sentidos para acolher as realidades espirituais.

Unção pré-batismal: o Cristo liberta do espírito do mal, do poder das trevas, do pecado, introduz no reino da luz, dá ao cristão força e proteção para fazer frente às provações e resistir com coragem às solicitações do mal.

Os antigos lutadores ungiam todo o corpo com óleo para fortificar os músculos e para dificultar que os adversários os agarrassem. Semelhantemente, preparando-se para as lutas que deverá travar para ser fiel à vocação cristã e à missão que receberá no Batismo, "Cada um é ungido com o óleo dos catecúmenos no peito ou em ambas as mãos, ou ainda em outras partes do corpo, se parecer oportuno. Se os catecúmenos forem muitos, podem-se admitir vários ministros".[3]

Segundo a visão bíblica, o óleo possui um simbolismo de purificação, de preparação à luta contra o demônio, de cura espiritual dos efeitos do pecado. A unção expressa "a necessidade da força divina para que o batizando, libertando-se dos laços da vida pas-

---
[3] RICA, n. 206.

sada e vencendo a oposição diabólica, faça convicto a profissão de fé e a mantenha firmemente durante toda a sua vida".[4]

A promessa de lutar contra o mal se estenderá por toda a vida. O embate contra o mal, ritualmente celebrado na unção e na renúncia antes do Batismo, é imagem da luta que o cristão enfrenta ao longo de toda a vida contra aquele que o colocará muitas vezes à prova de sua adesão a Cristo. No entanto, as lutas constantes, compreendidas como testemunho de perseverança, lhe darão o mérito da fidelidade.

---

[4] RICA, n. 212.

Celebração dos ritos de preparação imediata

193. Se os eleitos puderem reunir-se no Sábado Santo a fim de se prepararem para os sacramentos pelo recolhimento e pela oração, propõem-se os ritos seguintes.

Ritos iniciais

194. A celebração se inicia de modo habitual, com a procissão de entrada, o sinal da cruz e a saudação de quem preside. Segue a oração:

Presidente: Oremos. Pai amado e todo-poderoso, vós quereis restaurar todas as coisas em Cristo e atraís toda a humanidade para ele. Guiai estes eleitos da vossa Igreja e concedei que, fiéis à sua vocação, possam integrar-se no reino de vosso Filho e ser assinalados com o Espírito Santo, o vosso dom. Por Cristo, nosso Senhor.
Todos: Amém.

Liturgia da Palavra

Leitura da Carta de São Paulo aos Filipenses 3,4-15 – *Considerei tudo como perda diante do conhecimento de Cristo.*

Salmo responsorial: Sl 62,2.3-4.5-6.7-8

Todos: Ó Senhor meu Deus, ansioso vos busco!

Leitor: Sois vós, ó Senhor, o meu Deus! Desde a aurora, ansioso vos busco! A minh'alma tem sede de vós, minha carne também vos deseja, como terra sedenta e sem água!

Todos: Ó Senhor, meu Deus, ansioso vos busco!

Leitor: Venho, assim, contemplar-vos no templo, para ver vossa glória e poder. Vosso amor vale mais do que a vida: e por isso meus lábios vos louvam.

Todos: Ó Senhor, meu Deus, ansioso vos busco!

Leitor: Quero, pois, vos louvar pela vida e elevar para vós minhas mãos! A minh'alma será saciada, como em grande banquete de festa; cantará a alegria em meus lábios, ao cantar para vós meu louvor!

Todos: Ó Senhor, meu Deus, ansioso vos busco!

Leitor: Penso em vós no meu leito, de noite, nas vigílias suspiro por vós! Para mim fostes sempre um socorro; de vossas asas à sombra eu exulto!

Todos: Ó Senhor, meu Deus, ansioso vos busco!

O presidente proclama o Evangelho segundo Marcos 8,27-31 – *Tu és o Messias!*

Segue-se a homilia que suscite o espírito da preparação imediata para os sacramentos pascais.

Recitação do Símbolo

198. O diácono ou um catequista convida os eleitos para se apresentarem diante de quem preside. Este lhes dirige as palavras seguintes ou outras semelhantes:

Queridos eleitos e eleitas, queiram aproximar-se para recitar as palavras de fé que lhes foram entregues e que vocês desejam guardar com pureza de coração. Elas são o Símbolo, isto é, um resumo de nossa fé. São poucas palavras, mas contêm grandes mistérios.

Oração para a recitação do Símbolo

Quem preside convida à oração, dizendo:
Oremos, irmãos e irmãs, para que Deus conserve e faça crescer sempre a fé que foi semeada no coração destes eleitos.

Depois de um tempo de silêncio, prossegue:
Concedei, Senhor, que estes eleitos, tendo acolhido o vosso plano de amor e os mistérios da vida de vosso Cristo, possam sempre proclamá-los com palavras e vivê-los pela fé, cumprindo em ações a vossa vontade. Por Cristo, nosso Senhor.
Todos: Amém.

Recitação do Símbolo

199. Os eleitos recitam o Símbolo.

Rito do "Éfeta"

201. Depois de um canto apropriado, lê-se Mc 7,31-37, que será brevemente explicado por quem preside.

O presidente proclama o Evangelho segundo Mc 7,31-37 – *Cura do surdo-mudo*.

202. A seguir, quem preside, tocando com o polegar os ouvidos e os lábios de cada eleito, diz: "'Éfeta', isto é, abre-te, a fim de proclamares o que ouviste para louvor e glória de Deus".

Se os eleitos forem muitos, dir-se-á a fórmula inteira só para o primeiro; para os outros, apenas: "'Éfeta', isto é, abre-te".

Rito da unção

206. Cada um é ungido com o óleo dos catecúmenos no peito ou em ambas as mãos, ou ainda em outras partes do corpo, se parecer oportuno. Se os catecúmenos forem muitos, podem-se admitir vários ministros.

207. Se não se puder proceder à unção com o óleo dos catecúmenos nessa celebração do Sábado Santo pela manhã ou começo da tarde, deverá ser realizada na Vigília Pascal, entre a renúncia e a profissão de fé.

[129.] Use-se nesse rito o óleo dos catecúmenos bento pelo bispo na missa do crisma ou, por razões pastorais, pelo sacerdote, imediatamente antes da unção.[1]

[130.] Apresenta-se a todos o recipiente com o óleo e, em seguida, quem preside reza a seguinte ação de graças:

Bendito sejais vós, Senhor Deus, porque, no vosso imenso amor, criastes o mundo para nossa habitação.

Todos: Bendito seja Deus para sempre!

---
[1] Cf. *Rito de Bênção do Óleo dos Catecúmenos e dos Enfermos e Confecção do Crisma*, Introdução, n. 7.

Presidente: Bendito sejais vós, Senhor Deus, porque criastes a oliveira, cujos ramos anunciaram o final do dilúvio e o surgimento de uma nova humanidade.

Todos: Bendito seja Deus para sempre!

Presidente: Bendito sejais vós, Senhor Deus, porque, através do óleo, fruto da oliveira, fortaleceis vosso povo para o combate da fé.

Todos: Bendito seja Deus para sempre!

Presidente: Ó Deus, proteção de vosso povo, que fizestes do óleo, vossa criatura, um sinal de fortaleza: (se o óleo não estiver bento e quem preside for sacerdote, diz: Abençoai ✠ este óleo e) concedei a estes catecúmenos a força, a sabedoria e as virtudes divinas, para que sigam o caminho do Evangelho de Jesus, tornem-se generosos no serviço do reino e, dignos da adoção filial, alegrem-se por terem renascido e viverem em vossa Igreja. Por Cristo, nosso Senhor.

Todos: Amém.

[131.] Quem preside diz:

O Cristo Salvador lhes dê a sua força simbolizada por este óleo da salvação. Com ele os ungimos no mesmo Cristo, Senhor nosso, que vive e reina pelos séculos.

Eleitos: Amém.

Iniciação sacramental dos adultos

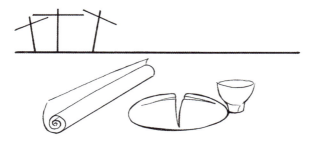

Fica conosco, pois já é tarde
e a noite vem chegando

Para melhor situar o contexto e o significado desta celebração, retome, na Introdução, os subtítulos: Centralidade pascal e Unidade sacramental.

Seguiremos as orientações do RICA:

208. Celebrando normalmente a iniciação dos adultos na santa noite da Vigília Pascal, os sacramentos são conferidos depois da bênção da água, conforme o n. 44 do Rito da Vigília.

209. Se a celebração se realizar fora do tempo próprio (cf. Introdução, nn. 58-59), dê-se à mesma caráter pascal (cf. Introdução geral sobre a iniciação cristã, n. 6), usando-se os textos da missa ritual que se encontra no Missal (cf., também, RICA, n. 388).

210. Mesmo quando os sacramentos da iniciação são celebrados fora da solenidade pascal, proceda-se ao rito da bênção da água [...].

211. A renúncia ao demônio e a profissão de fé são um só rito, que assume toda a sua importância no Batismo dos adultos. Sendo o Batismo o sacramento da fé, pela qual os eleitos aderem a Deus e recebem dele nova vida, é com razão precedido por este ato individual: como estava prefigurado na primitiva aliança dos patriarcas, também agora renunciam inteiramente ao pecado e ao demônio, a fim de aderirem para sempre à promessa do Salvador e ao mistério da Trindade. Por esta profissão, diante de quem preside e da comunidade, manifestam o propósito, amadurecido durante o catecumenato, de realizar nova aliança com Cristo. É em virtude desta fé, divinamente transmitida pela Igreja e por eles abraçada, que os adultos são batizados.

O RICA prevê o Batismo dos adultos, a Crisma e a participação eucarística na missa da Vigília ou durante o Tempo Pascal. Em muitos lugares, deixa-se a Confirmação para uma outra missa, na qual serão crismados pelo bispo juntamente com todo o grupo.

No entanto, o RICA prevê que se celebrem os três sacramentos juntos,[1] preferencialmente na Vigília Pascal, e, para isso, o mesmo ritual faculta: "O presbítero que, na ausência do bispo, batiza adulto ou criança em idade de catecismo, também confere a Confirmação, exceto se este sacramento deva ser dado noutra ocasião".[2]

---
[1] RICA, n. 46.
[2] Cf. RICA, n. 228: "Na ausência do bispo, a Confirmação poderá ser conferida pelo presbítero que ministrou o Batismo". Rito da Confirmação, Introdução, n. 7b.

Celebração do Batismo

Apresentação dos eleitos e exortação

213. Depois da homilia, chamam-se os eleitos, que são apresentados pelos padrinhos à Igreja reunida. Os batizandos, com os padrinhos e madrinhas, colocam-se em torno da fonte, mas de modo a não impedirem a visão dos fiéis. Se forem muitos, podem aproximar-se em procissão durante as ladainhas.

Quem preside, exorta a assembleia com estas palavras ou outras semelhantes:

Caros fiéis, apoiemos com nossas preces a alegre esperança dos nossos irmãos e irmãs, que pedem o santo Batismo, para que Deus todo-poderoso acompanhe com sua misericórdia os que se aproximam da fonte do novo nascimento.

Ladainha

214. Canta-se a ladainha, à qual se podem acrescentar alguns nomes de Santos, sobretudo dos Padroeiros da Igreja, do lugar e dos que vão receber o Batismo.

Senhor, tende piedade de nós!	Senhor, tende piedade de nós!
Cristo, tende piedade de nós!	Cristo, tende piedade de nós!
Senhor, tende piedade de nós!	Senhor, tende piedade de nós!
Santa Maria, Mãe de Deus,	rogai por nós!

São Miguel,	rogai por nós!
Santos Anjos de Deus,	rogai por nós!
São João Batista,	rogai por nós!
São José,	rogai por nós!
São Pedro e São Paulo,	rogai por nós!
Santo André,	rogai por nós!
São João,	rogai por nós!
Santa Maria Madalena,	rogai por nós!
Santo Estêvão	rogai por nós!
Santo Inácio de Antioquia,	rogai por nós!
São Lourenço,	rogai por nós!
Santas Perpétua e Felicidade,	rogai por nós!
Santa Inês,	rogai por nós!
São Gregório,	rogai por nós!
Santo Agostinho,	rogai por nós!
Santo Atanásio	rogai por nós!
São Basílio	rogai por nós!
São Martinho,	rogai por nós!
São Bento,	rogai por nós!
São Francisco e São Domingos,	rogai por nós!
São Francisco Xavier,	rogai por nós!
São João Maria Vianney,	rogai por nós!
Santa Catarina de Sena,	rogai por nós!
Santa Teresa de Jesus,	rogai por nós!
Todos os Santos e Santos de Deus,	rogai por nós!
Sede-nos propício,	ouvi-nos, Senhor!
Para que nos livreis de todo mal,	ouvi-nos, Senhor!
Para que nos livreis de todo pecado,	ouvi-nos, Senhor!
Para que nos livreis da morte eterna,	ouvi-nos, Senhor!
Pela vossa encarnação,	ouvi-nos, Senhor!
Pela vossa morte e ressurreição,	ouvi-nos, Senhor!
Pela efusão do Espírito Santo,	ouvi-nos, Senhor!
Apesar de nossos pecados,	ouvi-nos, Senhor!

Para que vos digneis dar nova
vida a estes eleitos que chamastes
ao Batismo, ouvi-nos, Senhor!
Jesus, Filho do Deus vivo, ouvi-nos, Senhor!
Cristo, ouvi-nos! Cristo, ouvi-nos!
Cristo, atendei-nos! Cristo, atendei-nos!

Quem preside diz, de mãos unidas, a seguinte oração:

Ó Deus de bondade, manifestai o vosso poder nos sacramentos que revelam vosso amor.
Enviai o Espírito de adoção para criar um novo povo, nascido para vós nas águas do Batismo. E assim possamos ser em nossa fraqueza instrumentos do vosso poder. Por Cristo, nosso Senhor.
Todos: Amém.

Oração sobre a água

215. Quem preside, voltado para a fonte, diz a seguinte oração de bênção sobre a água:

Ó Deus, pelos sinais visíveis dos sacramentos, realizais maravilhas invisíveis. Ao longo da história da salvação, vós vos servistes da água para fazer-nos conhecer a graça do Batismo. Já na origem do mundo vosso espírito pairava sobre as águas para que elas concebessem a força de santificar.

Todos: Fontes do Senhor, bendizei o Senhor!

Presidente: Nas próprias águas do dilúvio, prefigurastes o nascimento da nova humanidade, de modo que a mesma água sepultasse os vícios e fizesse nascer a santidade. Concedestes aos filhos de Abraão atravessar o mar Vermelho a pé enxuto para que, livres da escravidão, prefigurassem o povo nascido na água do Batismo.

Todos: Fontes do Senhor, bendizei o Senhor!

Presidente: Vosso Filho, ao ser batizado nas águas do Jordão, foi ungido pelo Espírito Santo. Pendente da cruz, do seu coração aberto pela lança, fez correr sangue e água. Após sua ressurreição, ordenou aos apóstolos: "Ide, fazei meus discípulos todos os povos, e batizai-os em nome do Pai, e do Filho, e do Espírito Santo".

Todos: Fontes do Senhor, bendizei o Senhor!

Presidente: Olhai agora, ó Pai, a vossa Igreja, e fazei brotar para ela a água do Batismo. Que o Espírito Santo dê por esta água a graça de Cristo, a fim de que homem e mulher, criados à vossa imagem, sejam lavados da antiga culpa pelo Batismo e renasçam pela água e pelo Espírito Santo para uma vida nova.

Quem preside, se for oportuno, mergulha o círio pascal na água uma ou três vezes (ou apenas toca na água com a mão), dizendo:

Nós vos pedimos, ó Pai, que por vosso Filho desça sobre esta água a força do Espírito Santo.

E mantendo o círio na água, continua:

E todos os que, pelo Batismo, forem sepultados na morte com Cristo, ressuscitem com ele para a vida. Por Cristo, nosso Senhor.

Todos: Amém.

Quem preside retira o círio da água, enquanto todos aclamam:

**Fontes do Senhor, bendizei o Senhor!
Louvai-o e exaltai-o para sempre!**

Renúncia

217. A renúncia e a profissão de fé são partes de um só rito. A palavra "renunciar" pode ser substituída por outra expressão equivalente, como: lutar contra, deixar de lado, abandonar, combater, dizer não, não querer.

Depois da consagração da água, quem preside interroga ao mesmo tempo todos os eleitos:

Para viver na liberdade dos filhos de Deus, vocês renunciam ao pecado?

Eleitos: Renuncio!

Presidente: Para viver como irmãos, vocês renunciam a tudo o que causa desunião?

Eleitos: Renuncio!

Presidente: Para seguir Jesus Cristo, vocês renunciam ao demônio, autor e princípio do pecado?

Eleitos: Renuncio!

Unção com o óleo dos catecúmenos

218. Se a unção com o óleo dos catecúmenos não tiver sido incluída entre os ritos de preparação imediata, ela é feita neste momento (veja nn. 127-131).

Profissão de fé

219. Quem preside, certificado pelo padrinho (ou madrinha) do nome de cada batizando, interroga individualmente. Contudo, quando os batizandos são muito numerosos, a profissão de fé pode ser feita em comum ou por grupos.

Presidente: N., você crê em Deus Pai todo-poderoso, criador do céu e da terra?

Eleito: Creio!

Presidente: Crê em Jesus Cristo, seu único Filho, nosso Senhor, que nasceu da Virgem Maria, padeceu e foi sepultado, ressuscitou dos mortos e subiu ao céu?

Eleito: Creio!

Presidente: Crê no Espírito Santo, na santa Igreja Católica, na comunhão dos Santos, na remissão dos pecados, na ressurreição dos mortos e na vida eterna?

Eleito: Creio!

Depois de sua profissão de fé, cada um é imediatamente batizado por imersão ou infusão.

Banho batismal

220. Convém que a água seja abundante, de modo que o Batismo apareça como uma verdadeira passagem pela água ou banho. O Batismo pode ser realizado das seguintes maneiras: 1) mergulhando o eleito parcial ou totalmente na água (neste caso, observem-se as normas do pudor e da conveniência); 2) derramando água sobre sua cabeça e deixando-a escorrer sobre todo o corpo; 3) derramando água somente sobre a cabeça.

Quem preside, batiza o eleito, dizendo:

N., EU TE BATIZO EM NOME DO PAI,

mergulha o eleito ou derrama a água pela primeira vez

E DO FILHO,

mergulha o eleito ou derrama a água pela segunda vez

E DO ESPÍRITO SANTO.

Mergulha o eleito ou derrama a água pela terceira vez.

221. Se o Batismo for por infusão, convém que o padrinho, a madrinha ou ambos coloquem a mão direita sobre o ombro direito do eleito. As mesmas pessoas poderão acolhê-lo ao sair da fonte, se o Batismo tiver sido feito por imersão.

222. Quando os eleitos são muitos, se estiverem presentes vários sacerdotes ou diáconos, os batizandos podem ser distribuídos entre eles, que os batizam por imersão ou infusão, pronunciando para cada um a fórmula no singular.

Durante o rito, se for conveniente, a assembleia entoe aclamações e cantos, intercalados com momentos de silêncio.

Ritos complementares

223. Logo após o Batismo realizam-se os ritos complementares e, em seguida, celebra-se habitualmente a Confirmação, omitindo-se nesse caso a unção depois do Batismo.

Unção depois do Batismo

[224.] Se, por motivo especial, a Confirmação for separada do Batismo, quem preside, depois da imersão ou infusão da água, unge os batizados com o crisma como de costume, dizendo uma só vez para todos:

Deus todo-poderoso, Pai de nosso Senhor Jesus Cristo, que fez vocês renascerem pela água e pelo Espírito Santo e os libertou de todos os pecados, unge suas cabeças com o óleo da salvação para que vocês façam parte de seu povo, como membros do Cristo, sacerdote, profeta e rei, até a vida eterna.

Batizados: Amém.

Quem preside, em silêncio, unge cada um no alto da cabeça com o santo crisma. Se os neófitos forem muitos e estiverem presentes vários presbíteros ou diáconos, todos poderão participar das unções.

Veste batismal

225. Quem preside diz:

Vocês nasceram de novo e se revestiram de Cristo. Recebam, portanto, a veste batismal, que devem levar sem mancha até a vida eterna, conservando a dignidade de filhos e filhas de Deus.

Batizados: Amém.

Às palavras "Recebam, portanto, a veste batismal", os padrinhos ou madrinhas revestem os recém-batizados com a veste batismal. Se for conveniente, pode-se omitir este rito.

Entrega da luz

226. Quem preside, tomando ou tocando o círio pascal, diz:

Aproximem-se os padrinhos e madrinhas, para entregar a luz aos que renasceram pelo Batismo.

Os padrinhos e madrinhas aproximam-se, acendem uma vela no círio pascal e entregam-na ao afilhado. Depois disso, quem preside diz:

Deus tornou vocês luz em Cristo. Caminhem sempre como filhos da luz, para que, perseverando na fé, possam ir ao encontro do Senhor com todos os Santos no reino celeste.

Batizados: Amém.

Celebração da Confirmação

227. A Confirmação pode ser celebrada no presbitério ou no próprio batistério, conforme as circunstâncias do lugar.

228. Se foi o bispo que ministrou o Batismo, convém que confira a Confirmação logo em seguida. Contudo, na ausência do bispo, a Confirmação poderá ser conferida pelo presbítero que ministrou o Batismo. Quando os

confirmandos forem muitos, o ministro poderá ser auxiliado na administração do sacramento por alguns presbíteros nas condições indicadas (cf. n. 46).

229. Quem preside, dirige aos neófitos estas palavras ou outras semelhantes:

Queridos irmãos e irmãs neófitos: vocês acabaram de ser batizados, receberam uma nova vida e se tornaram membros de Cristo e de seu povo sacerdotal. Resta-lhes agora receber como nós o Espírito Santo, que foi enviado pelo Senhor sobre os Apóstolos no dia de Pentecostes, sendo transmitido por eles e seus sucessores aos batizados. Vocês receberão a força do Espírito Santo, pela qual, mais plenamente configurados a Cristo, darão testemunho da paixão e ressurreição do Senhor e se tornarão membros ativos da Igreja para a edificação do Corpo de Cristo na fé e na caridade.

Quem preside (tendo junto de si os presbíteros concelebrantes), de pé, com as mãos unidas e voltado para o povo, diz:

Roguemos, irmãos e irmãs, a Deus Pai todo-poderoso que derrame o Espírito Santo sobre estes novos filhos e filhas, a fim de confirmá-los pela riqueza de seus dons e configurá-los pela sua unção ao Cristo, Filho de Deus.

Todos rezam, um momento, em silêncio.

230. Quem preside (e os presbíteros concelebrantes), impõe as mãos sobre todos os confirmandos, mas só quem preside diz:

Deus todo-poderoso, Pai de nosso Senhor Jesus Cristo, que, pela água e pelo Espírito Santo, fizestes renascer estes vossos servos e servas, libertando-os do pecado, enviai-lhes o Espírito Santo Paráclito; dai-lhes, Senhor, o espírito de sabedoria e inteligência, o espírito de conselho e fortaleza, o espírito de ciência e piedade, e enchei-os do espírito de vosso temor. Por Cristo, nosso Senhor.

Todos: Amém.

231. O ministro apresenta a quem preside o santo crisma. Cada confirmando se aproxima ou, se for oportuno, quem preside se aproxima de cada um. Colocando a mão direita sobre o ombro do confirmando, o padrinho (ou a madrinha) diz o nome do afilhado(a) a quem preside ou o próprio confirmando o declara.

Quem preside, tendo mergulhado o polegar no crisma, marca o confirmando na fronte com o sinal da cruz, dizendo:

N., RECEBE, POR ESTE SINAL, O ESPÍRITO SANTO, O DOM DE DEUS.

Confirmado: Amém.

Presidente: A paz esteja contigo.

Confirmado: E contigo também.

Se o bispo estiver presente e outros presbíteros o auxiliarem na administração do sacramento, receberão das mãos do bispo os vasos do santo crisma.

Os confirmados aproximam-se de quem preside ou dos presbíteros, ou quem preside e os presbíteros se aproximam dos confirmados, que são ungidos do modo antes descrito.

Pode-se cantar durante a unção um canto apropriado.

231bis. Na Vigília Pascal, após o rito do Batismo e da Confirmação, toda a assembleia, de pé e com as velas acesas, renova as promessas do Batismo. Segue-se a aspersão do povo, durante a qual se canta um hino ou um salmo apropriado.

Envio missionário

Então, soprou sobre eles e falou:
"Recebei o Espírito Santo"

O *Itinerário catequético* prevê a celebração do envio missionário como conclusão do caminho feito, possivelmente num domingo de Pentecostes, concluindo o tempo da mistagogia. Reforça a missão dada pelos três sacramentos, simbolizada, particularmente, pelo banho d'água, a crismação, a entrega da luz, a veste batismal. Tem o objetivo de enviar os adultos iniciados para o serviço à comunidade eclesial e à sociedade, como discípulos missionários, em vista do permanente amadurecimento da fé. Esta celebração não está prevista pelo RICA.

No dia de sua Páscoa, o Ressuscitado sopra o Espírito Santo sobre os apóstolos. Jesus Ressuscitado confere a missão aos Onze: "Ide, pois, fazer discípulos entre todas as nações, e batizai-os em nome do Pai, do Filho e do Espírito Santo. Ensinai-lhes a observar tudo o que vos tenho ordenado. Eis que estou convosco todos os dias, até o fim dos tempos" (Mt 28,19-20).

O Espírito nos configurou no corpo de Cristo, por um Batismo na sua morte e ressurreição. O Espírito tem como missão manifestar o Cristo. Todo batizado é chamado e enviado por Deus para continuar na história a missão de Cristo: viver efetivamente o Reino instaurado por Cristo na força do seu Espírito.

Através do Espírito Santo, os discípulos são investidos de poder que os capacita e orienta para anunciarem a Boa-Nova e cumprirem o ministério iniciado por Cristo durante sua missão terrena.

O Espírito foi prometido pelo Pai para o seu Messias, em quem repousará de modo pleno. O Messias, por sua vez, o derramará em todos os corações (Lc 24,49; At 2,33), fazendo daquele que o recebe uma "criação nova" ou "homem novo". O Espírito designa aquela força divina que, residindo no crente, o purifica ou recria, enchendo-o de carismas e capacitando-o para ações extraordinárias em ordem à evangelização do Reino.

Pelo Batismo somos de fato chamados e aceitos como discípulos e também configurados no mesmo destino de morte e de ressurreição do Senhor. No grande chamado que o Batismo sempre é, todos os batizados são convocados a participar na totalidade da missão de Cristo e da Igreja. Somos convocados a participar na evangelização, no serviço sacerdotal das celebrações litúrgicas e no serviço da caridade, comprometendo-se na luta por uma sociedade mais justa e fraterna.

"O batizado é chamado de *neófito* (*planta nova*) e iluminado pela claridade do *Senhor*."[1] O Batismo é chamado de "iluminação", pois nos concede a luz da fé para reconhecermos o Filho de Deus e a sua obra: "Eu vim ao mundo como luz, para que todo aquele que crê em mim não permaneça nas trevas" (Jo 12,46). O reino das trevas é construído sobre mentiras, segredos e escuridão. Ele exige a ausência de luz para sobreviver. João evangelista identifica o embate entre as trevas e a luz com a proposta de Jesus e de seu Reino e a recusa do mundo com suas idolatrias e falsidades.

Jesus disse de si mesmo: "Eu sou a luz do mundo. Quem me segue não caminha nas trevas, mas terá a luz da vida" (Jo 8,12). Ele é a nova coluna de fogo que guia os seus discípulos na verdade plena. Estar na luz significa estar na verdade que nos conduz diretamente à salvação.

---

[1] CNBB. *Iniciação à vida cristã*, n. 98.

O julgamento do mundo consiste nisto: "A luz veio ao mundo, mas as pessoas amaram mais as trevas do que a luz, porque as suas obras eram más. Pois todo o que pratica o mal odeia a luz e não se aproxima da luz, para que suas ações não sejam denunciadas" (Jo 3,19-20).

O que é próprio do Mestre igualmente passa a pertencer aos discípulos: "Vós sois a luz do mundo [...]. Assim brilhe a vossa luz diante dos homens, para que vejam as vossas boas obras" (Mt 5,14-16). Os discípulos são chamados a estar na luz e, por isso mesmo, a praticar as obras que são próprias da luz. A carta aos Ef 5,8-9, por sua vez, exorta: "Outrora éreis trevas, mas agora sois luz no Senhor. Procedei como filhos da luz. E o fruto da luz é toda espécie de bondade e de justiça e de verdade".

> O discípulo de Jesus responde de maneira concreta ao chamado, que recebe pela graça de Deus. Frente às dificuldades e desafios que o mundo lhe apresenta, deverá elaborar *um novo projeto de vida* tendo como base a proposta do Senhor, centrado no espírito das bem-aventuranças, nos mandamentos e na tarefa de edificar o Reino não só no interior de seu coração, mas também na história.[2]

---

[2] Ibid., n. 134.

Celebração de envio

Após a homilia da Solenidade de Pentecostes, os neófitos e crismados se põem de pé. O catequista, próximo do círio pascal, diz:

Estar na luz implica praticar as obras que possam ser vistas à luz do dia. Aquele que faz o mal prefere a escuridão das trevas para que seus atos não sejam descobertos. "Não há nada de oculto que não venha a ser revelado, e nada de escondido que não venha a ser conhecido" (Mt 10,26).

"Aquele que diz estar na luz, mas odeia o seu irmão, ainda está nas trevas. O que ama o seu irmão permanece na luz e não corre perigo de tropeçar" (1Jo 2,9-10). Jesus chamou os cristãos de "filhos da luz" e exorta-os a que "brilhe a vossa luz no meio dos homens para que vejam vossas boas obras e glorifiquem o Pai que está nos céus" (Mt 5,16).

Ao longo de nossa vida, não deixemos apagar essa luz sobrenatural, que é o próprio Espírito Santo morando em nós. Alimentemos a chama de nossa fé pelo estudo assíduo do Evangelho e pela prática constante da caridade.

Inicia-se o canto e cada neófito e crismando recebe a vela e se dirige ao círio pascal para acendê-la. Prossegue-se no canto até que todos estejam de volta aos seus lugares.

Presidente: Irmãos, vocês foram iluminados por Cristo no dia do Batismo para se tornarem luz do mundo. "Eu sou a luz do mundo" (Jo 8,12), disse Jesus de si mesmo, e aos discípulos: "Vós sois a luz do mundo [...]. Assim brilhe a vossa luz diante dos homens, para que vejam as vossas boas obras" (Mt 5,14-16).

Para viverem como filhos da luz, vocês prometem lutar contra o pai da mentira, princípio do mal deste mundo?

Todos: Prometo!

Presidente: Diante da luz pascal que ilumina a escuridão do pecado, do mal e da morte, vocês professam a fé em Cristo, nosso único Senhor?

Todos: Creio em Jesus Cristo, como nosso Senhor e nossa Luz.

Presidente: Somos filhos da luz, herdeiros do Reino e templos do Espírito Santo. A glória de Deus brilha dentro de nós. Vocês estão convictos de que somos vencedores do mal e da morte porque a força da ressurreição de Jesus é que nos move e nos faz viver?

Todos: Temos certeza de que a força da vida, do amor e da paz vive em nós como uma fonte que nos conduz para a vida eterna. Essa fonte, princípio de vida, é a luz do Espírito de Cristo que brilha em nosso peito.

Canto: A nós descei, Divina Luz...

Oração do envio

Comentarista: Ser missionário é ser pessoa de coragem, é viver o amor e a paz. É o poder do Espírito Santo que nos transforma em pessoas e comunidades corajosas, que enfrentam a sociedade, os poderosos, o mal e o pecado no mundo. O missionário, portador do amor e da paz, com coragem proclama que Deus, em Jesus, nos ama infinitamente.

Neófitos: Reaviva em nós, Senhor, o dom da coragem, do amor e da paz para vivermos e anunciarmos a alegria de te amar e servir.

Quem preside, juntamente com os participantes, estende as mãos sobre os neófitos e crismados, enquanto reza a oração da bênção.

Presidente: Nós vos louvamos e bendizemos, ó Deus, porque enviastes ao mundo o vosso Filho, para libertar e salvar. Enriquecei vossos filhos com os dons do Espírito Santo. Olhai com misericórdia para estes que enviamos em missão para vos servir. Guiai, Senhor, com vossa mão, os seus passos e fortalecei-lhes o ânimo com a força de vossa graça, para que não se deixem abater pelo trabalho e pela fadiga. Protegei-os de todos os perigos e fortalecei-lhes a fé e a coragem para que com humildade e dedicação exerçam o vosso chamado. Por Cristo, nosso Senhor.

Neófitos: Nós vos agradecemos, ó Pai,/ Senhor do céu e da terra,/ porque em vosso Filho Jesus nos revelaste o mistério do teu amor./ Hoje Pai, / ouvimos o apelo de vosso Filho: "Segue-me!"/ Nós desejamos segui-lo,/ para entrar na intimidade de seu Coração/ e poder também proclamar a todos:/ "Encontramos Jesus de Nazaré!"/ Pai santo, fazei de nós fiéis discípulos missionários de vosso Filho;/ transformai-nos com a força do Espírito Santo,/ para que, como Jesus,/ anunciemos vossa misericórdia/ e trabalhemos para a vinda de vosso Reino,/ pela intercessão de Maria, a virgem do silêncio e do serviço./ Amém.

Toda a comunidade reza o Creio e apagam-se as velas.

Prece dos fiéis

Presidente: Peçamos ao Pai das luzes por nossos neófitos e crismados e por todos os nossos agentes de pastoral para que, firmados na fé, cumpram a missão que o Pai lhes reservou e encontrem alegria e paz naquele que os chamou.

Leitor 1: Para que o vosso nome seja enaltecido entre os povos, enviai, Senhor, operários para a vossa messe. Rezemos.

Todos: Senhor, escutai a nossa prece!

Leitor 2: Enviastes os discípulos para pregarem o Evangelho. Ajudai-nos a proclamar a vitória da cruz. Rezemos.

Todos: Senhor, escutai a nossa prece!

Leitor 1: Fazei-nos dóceis à pregação dos apóstolos e testemunhas da verdade de nossa fé. Rezemos.

Todos: Senhor, escutai a nossa prece!

Leitor 2: Hoje nos chamais para o vosso serviço em favor dos irmãos. Fazei-nos ministros da vossa verdade. Rezemos.

Todos: Senhor, escutai a nossa prece!

Leitor 1: A graça do Espírito Santo nos inspire e nos fortaleça para anunciarmos com a fé e o exemplo de nossas atitudes. Rezemos.

Todos: Senhor, escutai a nossa prece!

Segue o canto da procissão das oferendas.

Jovens

O sacramento da Crisma não existe isoladamente. Na Igreja antiga, após os adultos serem batizados, eram revestidos de branco e dirigiam-se em procissão para a igreja, onde o bispo os esperava para ungi-los com o óleo do crisma. Logo depois, eles participavam pela primeira vez da liturgia eucarística. Concluíam, assim, o processo catecumenal de preparação, mas deveriam ainda se reunir nos domingos dos cinquenta dias pascais para aprofundar a celebração dos três sacramentos de iniciação.

Com o aumento das paróquias nas cidades e sua multiplicação pelos campos, já não era possível uma única celebração da Páscoa ao redor do bispo. A solução encontrada pela Igreja ocidental foi dividir o processo de iniciação em etapas. A origem da Crisma possibilita compreendê-la unicamente relacionada com o Batismo e com a Eucaristia.

Seguindo a prática comum nas dioceses do Brasil, no mesmo grupo, o catecumenato crismal compreenderá *jovens*: 1) catecúmenos; 2) batizados e que não participaram da etapa eucarística; 3) crismandos que percorreram as etapas anteriores. Os jovens que *já foram batizados* vão celebrar os ritos catecumenais pela primeira vez, de maneira consciente, como expressão da nova realidade que são chamados a viver.

A equipe catecumenal irá optar menos por "dinâmicas" e mais por uma postura orante, celebrativa e vivencial. Vale a pena voltarmos a uma catequese que, pouco a pouco, ajude o catequizando a fazer a experiência dos símbolos, revele a linguagem dos ritos, gestos e posturas utilizados na celebração e conduza o crismando à participação plena, ativa e frutuosa na liturgia. É preciso ensinar a ouvir a Palavra, a partilhar a vida, a pensar, praticar a ação de graças, a ser generoso, a oferecer a vida como serviço de amor e de dom de si (lava-pés), a pedir perdão e a reconhecer a presença e o direito do outro. Trata-se de exercícios simples que resgatam atitudes esquecidas hoje em dia.

A progressividade das catequeses e dos ritos constituirá o critério principal para uma crescente conversão. O jovem cada vez mais conceberá valores evangélicos que tome o lugar de uma mentalidade consumista, tornando-se mais crítico sobre a exclusão social.

É necessário convocar as famílias dos jovens para participarem das celebrações desta etapa de catequese.

Entrada no catecumenato

Cumprido o tempo do pré-catecumenato, quando o grupo dos candidatos já se firmou, celebra-se a entrada formal no catecumenato, como decisão resoluta de amar e seguir a Cristo. O *Itinerário catequético* prevê esta celebração e desloca a entrega da Bíblia para outro momento; aqui, seguimos o RICA e mantivemos a entrega da Bíblia nesta celebração, sempre com o objetivo de acolher, na comunidade, os adolescentes/jovens para o aprofundamento da fé.

É recomendável que este rito que consta da acolhida, da liturgia da Palavra e da entrega da Bíblia seja celebrado na assembleia eucarística dominical da comunidade, utilizando as leituras do próprio domingo. Estejam presentes as famílias e a equipe de catequistas.

Já que a grande maioria do grupo é batizada, todo o rito ficará mais bem situado após a homilia, reforçando uma nova e mais responsável aproximação da comunidade. Há também a possibilidade de o rito de acolhida ou de recepção substituir o rito inicial da missa. Assim, após a assinalação da cruz, terá lugar a procissão com o livro da Sagrada Escritura. E a entrega da Bíblia será feita depois da homilia.

Sobre o sentido desta celebração, veja as páginas 35-42

Com esta celebração tem início o tempo do catecumenato.

A equipe deverá providenciar Bíblias e crucifixos para todos os participantes.

Celebração de entrada no catecumenato crismal

*(1ª opção: o rito se desenvolve após a homilia e, neste caso, omite-se o ingresso na igreja. 2ª opção: o rito de acolhida substitui o rito inicial da missa. Após o ingresso na igreja, haverá a procissão com o livro da Sagrada Escritura e a liturgia da Palavra. A entrega da Bíblia será feita depois da homilia.)

Seguir esta celebração na parte dos adultos.

Celebração de entrega do Mandamento do Amor

Seguir esta celebração na parte dos adultos.

Celebração de entrega do Símbolo da fé

Seguir esta celebração na parte dos adultos.

Jornada da eleição

O tempo da Purificação transcorre durante a Quaresma,[1] com as características próprias deste tempo (jejum, esmola/caridade e oração mais intensa com a celebração penitencial). Traça-se o caminho para uma intensa participação e vivência do mistério da Páscoa do Senhor.

O *Itinerário catequético* prevê a jornada da eleição no primeiro domingo da Quaresma, no contexto de um retiro sobre a missão, tomando como referência a samaritana e o cego de nascença. Para completar a trilogia dos escrutínios deste tempo, não podemos nos esquecer da ressurreição de Lázaro. Propõe-se como objetivo aprofundar o dom da missão concedido pelo Espírito de Deus.

No primeiro domingo da Quaresma, em uma missa dominical,[2] após a homilia, os catecúmenos e os crismandos considerados aptos se inscrevem para receber os sacramentos no Tempo Pascal daquele ano. A equipe catecumenal apresenta os candidatos para a comunidade e, em seu nome, o pároco os recebe, reza sobre eles, para que progridam no caminho de abraçar o Evangelho e seguir os passos

---
[1] Cf. RICA, nn. 21-26.152-159.
[2] Cf. RICA, nn. 21-24.133-142.

de Jesus Cristo, especialmente durante o tempo da Quaresma.

Após aprovação da comunidade, os catecúmenos e os crismandos recebem a eleição gratuita de Deus, que os ilumina para que se mantenham fiéis no caminho que escolheram. Chama-se "eleição" porque a admissão, feita pela Igreja, se baseia na eleição de Deus, em cujo nome ela se realiza; chama-se também "inscrição dos nomes", pois os nomes dos futuros batizados ou crismados são inscritos no *livro dos eleitos*. Requerem-se deles a fé esclarecida e a vontade deliberada de receber o sacramento da Igreja.

Com esse rito encerra-se o catecumenato propriamente dito.

A participação de toda a comunidade é própria deste rito. Ela delibera sobre a idoneidade dos candidatos para seu progresso na inserção nos mistérios pascais. Padres, diáconos, catequistas, padrinhos e introdutores representam a Igreja que os conduz ao encontro do Cristo.

Confira também o significado da celebração e das leituras nas pp. 73-79

Celebração da eleição

Seguir esta celebração na parte dos adultos.

Escrutínios

Sobre o significado e a celebração dos três escrutínios, seguir na parte dos adultos.

Normalmente, o catecumenato crismal compreende catecúmenos e crismandos. Os escrutínios se direcionam para os catecúmenos. Porém, a critério dos agentes, os jovens já batizados poderão celebrar os escrutínios pela primeira vez, de maneira consciente, como expressão da nova realidade que são chamados a viver.

No caso das crianças, o RICA situa o escrutínio junto com a celebração penitencial.

Sacramento da Penitência

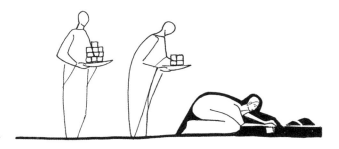

Pois a todo aquele que tem será dado mais, e terá em abundância

Esta celebração está colocada no tempo da Quaresma e será proveitosa para os batizados e não batizados, pois a conversão convém a todo o grupo; no entanto, há que diferenciar a dimensão ampla da conversão dirigida indistintamente a todos e aquela própria dos batizados: confissão e absolvição individuais e sacramentais. Obviamente, os eleitos ao Batismo não se confessarão.

Diariamente fazemos a experiência da luz e das trevas, da coragem e da covardia, da gratuidade e do puro interesse. A maldade parece tomar proporções gigantescas, e não podemos fechar os olhos diante dos políticos que, para se enriquecerem, desviam verbas da merenda escolar, deixam hospitais desequipados e superfaturam as obras públicas cobrando propinas bilionárias. A força do mal na sociedade está ligada, entre outras coisas, ao indiferentismo dos cidadãos e ao interesse manipulador dos grandes grupos econômicos.

É triste ver a floresta amazônica desmatada; a degradação do meio ambiente com rios poluídos, lixo não reciclado e favelas; a violência urbana coordenada pelo crime ou mesmo a riqueza produzida pelo narcotráfico. Sem contar ainda o analfabetismo, aliado aos baixos índices de rendimento dos alunos de nossas escolas.

Os contrastes da sociedade desafiam nossa capacidade de mobilização, nosso interesse pelo outro e nossa força de solidariedade. Sentimos em nosso peito a grande contradição, fomos feitos para amar sem medidas como Jesus nos amou e, no entanto, nossa resposta é tão pequena e medíocre...

A Bíblia sempre nos aponta dois caminhos: o que nos leva à vida e aquele que nos conduz à morte (cf. Sl 1). Jesus contrapõe o Reino ao mundo. O primeiro é o caminho da porta estreita, lugar de justiça, de paz, de solidariedade e também de perseguição daqueles que lutam. O segundo, o mundo, tem um caminho largo que conduz à perdição.

O pecado degrada o ser humano e destrói a semelhança da criatura com o Criador. Cristo é a imagem perfeita do Pai. Sua missão reconcilia o ser humano com o Pai e vence a maldade do pecado com seu o sangue derramado na cruz. A pessoa de Jesus constitui o lugar do encontro da misericórdia, do perdão e da justificação de todo ser humano. Em Jesus Cristo reencontramos nossa semelhança com o Pai, pois o ser humano se dignifica como pessoa quando adquire capacidade de superar o mal com o bem, de perdoar, de construir a comunidade como verdadeiro cidadão.

> O Filho de Deus, feito homem, habitou entre os homens para livrá-los da servidão do pecado e chamá-los das trevas à sua luz admirável [...]. Jesus não só exortou os homens à Penitência, a fim de que deixassem os pecados e de todo o coração se convertessem ao Senhor, mas também, acolhendo os pecadores, reconciliou-os com o Pai. Além disso, curou os enfermos para manifestar seu poder de perdoar pecados. Finalmente, morreu por nossos pecados e ressuscitou para nossa justificação (CNBB, *Ritual da Penitência*, n. 1).

Jesus solicita uma resposta livre do discípulo, firmada por uma adesão convicta de quem respeita o outro, crê na força do bem, se empenha para construir relações sem preconceitos ou discriminações. A esse posicionamento radical do cristão, podemos chamar de "opção fundamental". Trata-se da atitude permanente de quem tem uma visão da vida e do mundo guiada unicamente para o bem. Totalmente diferente será aquele que ignora o Evangelho e vive um consumismo selvagem, cuja alegria é comprar, buscar a fama e o sucesso, ou que só está preocupado em curtir a vida.

O sacramento

Por excelência, a expressão eclesial da conversão cristã é o sacramento da Reconciliação. Ele mostra, com grande realismo, a frágil condição humana necessitada da misericórdia do Pai e da salvação em Cristo.

O pecador, sozinho, tem dificuldade em retornar à vida nova; precisa da ação santificadora do Espírito para voltar ao verdadeiro caminho. O sacramento da Penitência é uma ação do Espírito Santo que comunica o perdão, nos reconcilia com a Igreja e nos orienta a prosseguir rumo ao mistério de Cristo.

No sacramento da Penitência, recobramos a graça batismal, participamos da Páscoa de Cristo. Se o Batismo nos faz nascer para a vida nova na graça, a Reconciliação nos faz renascer para a graça que abandonamos por nossos pecados.

A celebração da Penitência inclui, primeiramente, a celebração da Palavra, pela qual Deus chama à Penitência e conduz à verdadeira conversão interior. Somos convertidos pela Palavra; é ela que nos julga, como uma espada de dois gumes (cf. Hb 4,12). Penitência significa íntima transformação do coração pela força da Palavra de Deus e requer do penitente:

Exame de consciência

Significa distinguir a bondade ou a maldade de nossas ações; nos faz analisar nossos objetivos de vida. Quais atitudes devemos corrigir e quais melhorar ainda mais? Prejudicamos alguém? Cumprimos nossas obrigações na família, na escola, no trabalho? Como tratamos o pessoal em casa? Como entendemos nossa relação com o(a) namorado(a)? Que compromissos assumimos com nossa fé?

Não podemos ser coniventes com o pecado social, o egoísmo, a injustiça, a prepotência, a exploração do outro, pecados que geram estruturas de desigualdade e opressão, e excluem os mais fracos e pobres.

Não fazer nada contra essa situação, não denunciá-la, não combatê-la dentro das próprias possibilidades, é grave omissão de nossa parte. É uma recusa à comunhão com os irmãos. Maior ainda é o mal se a gente propõe ou arrasta os outros a colaborar com tais estruturas injustas.

Arrependimento

Não basta conhecer nossas faltas; é preciso querer não as repetir.

Detestar o próprio pecado já é um início que nos põe em direção às boas obras. Arrependimento é a escolha de um bem maior, pelo abandono daquilo que nos afastou de Deus. É uma libertação. Deus não se agrada com a presunção de quem é soberbo e orgulhoso; ao passo que o seu perdão vem pelo nosso humilde arrependimento.

Confissão dos pecados

Diante de um sacerdote relatamos nossas faltas, sem omitir o que julgamos grave. Depois ele nos aconselha, dizendo quais os cuidados e o melhor caminho a ser tomado. Todo pecado enfraquece o amor, aumenta a nossa dependência das coisas passageiras deste mundo. A graça de Deus, recebida na confissão, produz efeito contrário.

Por outro lado, a confissão frequente ajuda a formar a consciência, a lutar contra as más tendências, a ser dócil ao Espírito Santo e a progredir no amor. Ela existe não só para perdoar os pecados, mas para robustecer a alma com a graça de Deus e receber ajuda pela orientação do confessor.

Propósito de mudança

Só existe verdadeiro arrependimento se acompanhado por uma recusa ao pecado e pela decisão firme de não voltar a ele. Conversão é volta ao Pai, é mudança de vida, de atitudes, de motivações para nossos atos.

No fim da confissão, vamos recitar o Ato de Contrição. São palavras simples, como as que rezamos na missa: "Confesso a Deus todo poderoso e a vós, irmãos e irmãs, que pequei muitas vezes com pensamentos, palavras, obras e omissões. Por minha culpa, minha tão grande culpa. Por isso, peço perdão a Deus todo-poderoso e a vós, irmãos e irmãs, que rogueis por mim a Deus nosso Senhor".

É verdade que se trata de uma fórmula, que pode ser substituída de mil modos pelas nossas próprias palavras. Basta que com elas exprimamos a tristeza de ter ofendido a Deus e ao próximo e o desejo de mudar de vida.

Penitência

Recebida a absolvição, o confessor nos prescreve alguma oração como penitência. Basta essa pequena oração para expiar os pecados? Certamente que não. A penitência ganha sentido quando se traduz em atos e gestos concretos. Ela é, portanto, um exercício de luta contínua, de conversão diária diante de tudo aquilo que nos prende nas tramas do egoísmo.

Precisamos assumir com realismo e coragem o projeto de Jesus de que "se completou o tempo, e o Reino de Deus está próximo. Convertei-vos e crede na Boa-Nova" (Mc 1,15). Optar pelo Reino significa assumir o projeto de Jesus em todas as nossas ações. É uma atitude fundamental de vida.

Vamos assumir o costume de sermos os primeiros a pedir desculpas ou perdão de nossos erros e falhas;

de sermos compreensivos com os erros alheios, pois "com a mesma medida com que medirdes sereis medidos" (Lc 6,38). Vamos alargar nossa consciência ética do bem comum e, em nossas relações, jamais admitir favoritismos, gestos de corrupção, ou votar em políticos que andam por esses caminhos.

Vamos valorizar o outro, nunca como objeto de prazer. Precisamos estabelecer relações consequentes, que nos responsabilizem pelo outro e nos levem a crescer no amor, na entrega, no carinho e no respeito.

Celebração da Penitência com confissão e absolvição individuais

Catequistas, pais ou responsáveis e catequizandos se reúnem e se colocam em silêncio durante algum tempo antes da celebração.

Comentarista: Em sua vida, o cristão sempre se coloca em atitude de conversão e penitência, porque reconhece em si sua fraqueza e suas limitações. Podemos sempre nos aperfeiçoar e nos doarmos mais. Converter-se significa querer viver de acordo com o Evangelho de Jesus Cristo para sermos mais felizes. Muitas vezes nos preocupamos tanto conosco mesmos que nem temos tempo para nos dedicar ao próximo. É hora de abrirmos mais espaço em nossa vida para acolher a Boa-Nova da salvação e nos examinarmos diante da Palavra.

Presidente: Em nome do Pai…
A graça de nosso Senhor Jesus Cristo…
Deus, pela Penitência, nos abre um caminho novo, conduzindo-nos cada vez mais à plena liberdade de filhos e filhas de Deus. Queremos nos parecer sempre mais com Jesus Cristo. Se não podemos parecer fisicamente, podemos, sim, ter um coração muito próximo do dele, com os mesmos sentimentos de Cristo, que primeiramente nos ensinou a amar e a perdoar.

Se possível, cantando:
Senhor, tende piedade de nós!
Senhor, tende piedade de nós!
Cristo, tende piedade de nós!
Cristo, tende piedade de nós!
Senhor, tende piedade de nós!
Senhor, tende piedade de nós!

Presidente: Oremos. Ó Deus, que nos chamais das trevas à luz, da mentira à verdade e da morte à vida, derramai em nós o vosso Espírito Santo para que abra nossos ouvidos e fortaleça nossos corações, a fim de podermos compreender nossa vocação e caminhar corajosamente para uma verdadeira vida cristã. Por Cristo, nosso Senhor.

Canto de aclamação ao Evangelho

O presidente proclama o Evangelho segundo Mateus 25,14-30 – *Pois a todo aquele que tem será dado mais, e terá em abundância.*

Quem preside, retoma o texto com o grupo e repete alguns versículos para fixar bem a mensagem. É importante relacionar o Evangelho com o projeto de vida que o jovem é convidado a formular para si e no contexto familiar. Poderá se inspirar no texto abaixo:

O talento era um peso-moeda, feito de metais preciosos e usado na antiguidade grega e romana. Equivalia a 49 gramas de ouro. Podemos imaginar como era precioso um talento de ouro! Entretanto, no decorrer dos tempos, talento passou a indicar genericamente dom natural, inteligência excepcional, dotes especiais... O Evangelho quer nos mostrar que todos recebemos numerosos talentos de Deus: a vida, a saúde, a inteligência, a educação, a fé, o Batismo, a amizade com Deus... E a primeira atitude a ser tomada perante esses talentos-dons deve ser a de acolhida agradecida e prática. Nunca esqueçamos que na raiz e na fonte primeira está sempre o dom de Deus. Mais que desenvolver os próprios dons, Jesus lança o apelo para reconhecermos e aceitarmos o dom da salvação, abrindo de par em par o nosso coração. Os dons que Deus nos concedeu precisam crescer e frutificar para o bem de todos.

Não importa se recebemos cinco, dois ou um talento apenas. O que importa é que não os guardemos só para nós. Na verdade, as graças com as quais o Pai nos presenteou não são apenas nossas; pertencem à comunidade, pois nossas energias, nossos talentos devem estar a serviço dos irmãos. Quando o patrão voltar, não podemos estar com as mãos vazias, com o talento enterrado. Devemos apresentar a Deus um mundo renovado, justo, fraterno, onde haja espaço para todos, sem excluídos. Um mundo conforme a vontade dele, construído com o empenho de todos. A comunidade não cresce e definha aos poucos, quando os seus membros não colocam em comum as potencialidades que possuem.

Exame de consciência

Quem preside ou o catequista diz:
Podemos nos perguntar: que talentos Deus me concedeu na formação de minha família, na convivência escolar, na amizade com os colegas? Reconheço os dons que me foram oferecidos? Qual é o maior dom que Deus nos concedeu? Qual a semelhança de atitudes entre aquele que recebeu um talento e o jovem rico da parábola de Mt 19,16-26.

Rito da reconciliação

Todos: Confesso a Deus todo-poderoso...

Presidente: Senhor Deus, vós conheceis todas as coisas. Conheceis também nossa vontade sincera de servir melhor a vós e a nossos irmãos e irmãs. Voltai para nós os vossos olhos e atendei as nossas súplicas.

Leitor: Dai-nos, ó Deus, a graça de uma verdadeira conversão.

Todos: Ouvi-nos, Senhor!

Leitor: Despertai em nós o espírito de penitência e confirmai o nosso propósito.

Leitor: Perdoai nossos pecados e compadecei-vos de nossas fraquezas.

Leitor: Fazei-nos confiantes e generosos.

Leitor: Tornai-nos fiéis discípulos do vosso Filho e membros vivos de vossa Igreja.

Presidente: Deus, que não quereis a morte do pecador, mas que ele se converta e viva, recebei com bondade a confissão de nossos pecados e sede misericordioso para conosco que recorremos a vós como vosso Filho nos ensinou:

Todos: Pai nosso…

Presidente: Senhor Deus, mostrai-vos bondoso para com vossos filhos e filhas, pois se reconhecem pecadores diante da Igreja; que ela os liberte de todo pecado e que possam, de coração puro, render-vos graças. Por Cristo, nosso Senhor.

Todos: Amém.

Confissão e absolvição individuais

Os penitentes aproximam-se dos sacerdotes colocados em lugares adequados, confessam seus pecados e, recebida a devida satisfação, são absolvidos individualmente.

Louvor a Deus por sua misericórdia

Terminadas as confissões individuais, o sacerdote que preside a celebração convida à ação de graças e exorta às boas obras, pelas quais se manifesta a graça da penitência na vida dos indivíduos e de toda a comunidade. Convém, portanto, cantar um salmo ou hino. Por exemplo, o Cântico de Maria (Lc 1,46-55).

Canto de ação de graças

Presidente: Deus, fonte de toda a luz, de tal modo amastes o mundo que entregastes o vosso Filho único para a nossa salvação, a fim de sermos redimidos por sua cruz, vivificados por sua morte, salvos por sua paixão, e por sua ressurreição glorificados.
Nós vos suplicamos, pelo mesmo Jesus Cristo, que vos digneis velar sobre estes vossos filhos e filhas em todas as coisas; tenhamos no espírito o vosso temor; no coração, a fé; nas obras, a justiça; nas ações, o amor; na língua, a verdade, para que possamos alcançar de modo digno e justo o prêmio da vida eterna. Por Cristo, nosso Senhor.
Todos: Amém.

Bênção e canto final

O sacerdote abençoa a todos, dizendo:
O Senhor vos conduza segundo o amor de Deus e a paciência de Cristo.
Todos: Amém.
Para que possais caminhar na vida nova e agradar a Deus em todas as coisas.

Todos: Amém.

A bênção de Deus todo-poderoso, Pai, e Filho, e Espírito Santo, desça sobre vós e permaneça para sempre.

Todos: Amém.

Ritos preparatórios imediatos

Para os eleitos que serão batizados, prevê-se a celebração: 1) da recitação do Símbolo, 2) do "Éfeta" e 3) da Unção dos catecúmenos no Sábado Santo pela manhã.

O Documento da CNBB, *Iniciação à vida cristã*, no n. 170, referindo-se aos adultos, o que é extensivo aos jovens, diz que:

> Se preparem para os sacramentos pelo recolhimento e a oração; pode-se realizar uma celebração no Sábado Santo pela manhã ou no começo da tarde, seguindo a sugestão do roteiro proposto pelo RICA a partir do n. 194, que inclui a recitação do símbolo, o Éfeta, a escolha do nome cristão e, se for o caso, a unção com o óleo dos catecúmenos.

Se for oportuno, o RICA ressalva que se pode antecipar o rito do "Éfeta" e o rito da unção com o óleo dos catecúmenos para o tempo do catecumenato.[1] Sugerimos que a recitação do Símbolo e o rito do

---
[1] Cf. RICA, nn. 103.126-128.

"Éfeta" sejam igualmente celebrados por todo o grupo. Já a unção pré-batismal se destinará somente aos catecúmenos. Se o pároco não puder estar presente, o rito pode ser dirigido por um diácono ou por um ministro extraordinário. Convidem-se os padrinhos e as madrinhas.

Seguir esta celebração na parte dos adultos.

Batismo dos jovens

Quanto aos jovens catecúmenos, a prática em muitas dioceses tem sido a do pároco batizá-los na missa, na qual também recebem a Eucaristia pela primeira vez, e em uma outra missa serão crismados pelo bispo juntamente com todo o grupo. O RICA[2] prevê que se celebrem os três sacramentos juntos, preferencialmente na Vigília Pascal, e, para tanto, o mesmo ritual faculta: "O presbítero que, na ausência do bispo, batiza adulto ou criança em idade de catecismo, também confere a Confirmação, exceto se este sacramento deva ser dado noutra ocasião".[3]

Seguir esta celebração na parte dos adultos.

---

[2] Cf. RICA, n. 46.
[3] Cf. RICA, n. 228: "Na ausência do bispo, a Confirmação poderá ser conferida pelo presbítero que ministrou o Batismo". Rito da Confirmação, Introdução, n. 7b.

Sacramento da Confirmação

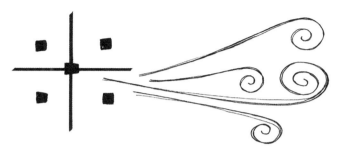

Soprou sobre eles e falou:
"Recebei o Espírito Santo!"

No início do cristianismo os adultos eram batizados e recebiam imediatamente a Confirmação, a Crisma. Isto mostra a unidade do mistério pascal: os que são mergulhados na água passam a ser filhos do Pai porque participam da morte e ressurreição do Filho, e com a Crisma são confirmados no Espírito Santo para cumprir a missão profética no mundo, para edificar em unidade a Igreja, Corpo de Cristo, e defender a verdade do Evangelho nas diversas situações da vida.

Na ascensão, diz o Ressuscitado aos apóstolos: "Recebereis o poder do Espírito Santo que virá sobre vós, para serdes minhas testemunhas em Jerusalém, por toda a Judeia e Samaria, e até os confins da terra" (At 1,8).

A proposta do ritual da Confirmação desenvolve-se em quatro passos:

Renovação das promessas do Batismo

O primeiro momento do rito da Confirmação tem a finalidade de criar essa explícita ligação com o Batismo, e o que se dá não é tanto a renovação de uma promessa, mas sim uma profissão de fé ainda mais radical: "Crede no Espírito Santo, Senhor e fonte de vida, que hoje, pelo sacramento da Confirmação, vos é dado de modo especial, como aos Apóstolos no dia de Pentecostes?".[1]

A Crisma não é somente uma simples *confirmação* dos compromissos com o Batismo; possui uma identidade própria com um papel específico sobre o batizado, que é o de conferir o Espírito Santo e simbolizar a participação dele em Pentecostes, marcando-o como membro coparticipante da missão profética-sacerdotal-real de Cristo com a humanidade.

A medida prática de recomendar que o padrinho da Confirmação seja o mesmo do Batismo sinaliza melhor o nexo entre Confirmação e Batismo, bem como a eficácia e o relevo de sua tarefa.

---

[1] *Ritual da Confirmação*, n. 23.

Imposição das mãos

Dá-se grande relevo à imposição geral das mãos, que precede a crismação, e à oração que a acompanha; após ter recordado a ação regeneradora do Espírito no Batismo, a oração invoca a efusão do Paráclito, com a plenitude dos seus dons, inspirado em Is 11,2. Nos dons do Espírito Santo, encontramos a marca da alma perfeita, aquela que não é mais conduzida pelas virtudes ordinárias, mas diretamente pelo Espírito Santo por meio de dons que a fazem dócil à sua ação.

Crismação

Após ter confessado a fé batismal e recebido a imposição das mãos com a invocação dos dons do Espírito Santo, confere-se o sacramento da Confirmação mediante a unção com o crisma sobre a fronte e a fórmula: "N., recebe o Espírito Santo, o Dom de Deus".

Com a palavra "dom" não se entendem, em primeiro lugar, os *dons* que provêm do Espírito Santo, mas o Espírito Santo, que é, ele próprio, o dom do qual provêm os outros dons: da sabedoria, do conselho, da fortaleza... Os frutos desse dom do Espírito são individuados na mais perfeita conformação a Cristo e na comunicação da força necessária para o testemunho, em vista da edificação da Igreja.

No Antigo Testamento, a unção era o rito pelo qual os sacerdotes e os reis eram consagrados. Ela constituía um sacramento pelo qual o Espírito Santo lhes era comunicado em vista das funções que deveriam realizar. Os profetas anunciam que no final dos tempos virá o Ungido, um Messias, um *Christos*, do qual o rei davídico e o sumo sacerdote eram somente figuras. Essa visão messiânica ocupa um grande espaço nos Salmos. Esse anúncio realiza-se em Jesus de Nazaré. O mesmo nome de *Christos* (messias, ungido), dado a Jesus, é a expressão de sua missão. No gesto de ungir a fronte encontramos o efeito que a Crisma produz.

O sinal da cruz traçado na fronte com o óleo santo da Crisma produz uma marca para sempre, recebe um caráter definitivo. Este selo do Senhor configura a pessoa mais perfeitamente a Cristo e lhe dá a graça de expandir o "bom odor", ficando mais perfeitamente unida à Igreja.[2]

Os antigos também chamavam este sinal de selo, pois constituía a marca com a qual um proprietário marcava os objetos que lhe pertenciam. Tal marca vamos encontrá-la no sinal produzido pelo ferro em brasa nas ovelhas, a fim de o pastor distinguir as do seu rebanho. Ao mesmo tempo, funcionava como sinal de posse e de proteção.

---

[2] Cf. *Ritual da Confirmação*, n. 9.

Prece dos fiéis

Por fim, a *prece dos fiéis* relembra os efeitos principais do sacramento, invocando a plena correspondência a ele por parte das pessoas que o receberam.

A Confirmação, aperfeiçoamento e prolongamento do Batismo, faz avançar os batizados pelo caminho da iniciação cristã, pelo dom do Espírito que capacita o indivíduo a viver as exigências do caminho pascal, rememorado no sacrifício da Eucaristia. A Confirmação está orientada à participação plena na Eucaristia. Assim incorporados na Páscoa de Cristo, marcados com caráter sacramental, podem associar-se ao sacrifício do Senhor, aprendendo a oferecer a si mesmos, seus trabalhos e todas as coisas criadas com Cristo ao Pai, no Espírito.

Rito da Confirmação na Missa

20. Realiza-se a liturgia da Palavra conforme as rubricas. As leituras podem ser tomadas, no todo ou em parte, da missa do dia ou dos textos propostos no Lecionário da missa.[1]

21. Após o Evangelho, o bispo (e os presbíteros concelebrantes) sentam-se no lugar preparado. Os confirmandos são apresentados pelo pároco [...] ou por um catequista [...] cada confirmando, se for possível, é chamado pelo nome e aproxima-se do presbitério. [...] Se os confirmandos forem muito numerosos, não serão chamados pelo nome; colocar-se-ão em lugar apropriado diante do bispo.

Após a homilia do bispo.

Renovação das promessas do Batismo

23. O bispo interroga os confirmandos, que estão todos de pé:

Renunciais ao demônio?

Os confirmandos respondem juntos:

Renuncio.

Bispo: E a todas as suas obras?

Confirmandos: Renuncio.

---
[1] Os números laterais são do Ritual da Confirmação.

Bispo: E a todas as suas seduções?

Confirmandos: Renuncio.

Bispo: Para viver na liberdade de filhos de Deus, renunciais ao pecado?

Confirmandos: Renuncio.

Bispo: Para viver como irmãos e irmãs, renunciais a tudo o que vos possa desunir, para que o pecado não domine sobre vós?

Confirmandos: Renuncio.

Bispo: Para seguir Jesus Cristo, renunciais ao demônio, autor e princípio do pecado?

Confirmandos: Renuncio.

Bispo: Credes em Deus Pai todo-poderoso, criador do céu e da terra?

Confirmandos: Creio.

Bispo: Credes em Jesus Cristo, seu único Filho, nosso Senhor, que nasceu da Virgem Maria, padeceu e foi sepultado, ressuscitou dos mortos e subiu ao céu?

Confirmandos: Creio.

Bispo: Credes no Espírito Santo, Senhor e fonte de vida, que hoje, pelo sacramento da Confirmação, vos é dado de modo especial, como aos apóstolos no dia de Pentecostes?

Confirmandos: Creio.

Bispo: Credes na santa Igreja Católica, na comunhão dos santos, na remissão dos pecados, na ressurreição dos mortos e na vida eterna?
Confirmandos: Creio.

O bispo confirma a profissão, proclamando a fé da Igreja:
Esta é a nossa fé, que da Igreja recebemos e sinceramente professamos, razão de nossa alegria em Cristo nosso Senhor.

Imposição de mãos

24. O bispo (tendo junto de si os presbíteros concelebrantes), de pé, com as mãos unidas, diz voltado para o povo:
Roguemos, irmãos e irmãs, a Deus Pai todo-poderoso, que derrame o Espírito Santo sobre estes seus filhos e filhas adotivos, já renascidos no Batismo para a vida eterna, a fim de confirmá-los pela riqueza de seus dons e configurá-los pela sua unção ao Cristo, Filho de Deus.

Todos rezam em silêncio.

25. O bispo (e os presbíteros concelebrantes) impõe as mãos sobre todos os confirmandos, mas só ele diz:
Deus todo-poderoso, Pai de nosso Senhor Jesus Cristo, que, pela água e pelo Espírito Santo, fizestes renascer estes vossos servos e servas, libertando-os do pecado, enviai-lhes o Espírito Santo Pa-

ráclito; dai-lhes, Senhor, o espírito de sabedoria e inteligência, o espírito de conselho e fortaleza, o espírito de ciência e piedade, e enchei-os do espírito do vosso temor. Por Cristo, nosso Senhor.
Todos: Amém.

Unção do Crisma

26. O diácono apresenta ao bispo o santo crisma. Cada confirmando se aproxima ou, se for oportuno, o bispo se aproxima de cada um. Colocando a mão direita sobre o ombro do confirmando, a pessoa que o apresentou diz seu nome ao bispo, ou o próprio confirmando o declara.

27. O bispo, tendo mergulhado o polegar no crisma, marca o confirmando na fronte com o sinal da cruz, dizendo:

N., recebe, por este sinal, o Espírito Santo, o Dom de Deus.

Confirmando: Amém.

Bispo: A paz esteja contigo.

Confirmando: E contigo também.

29. Pode-se cantar durante a unção um canto apropriado. Terminada a unção, o bispo lava as mãos.

Oração dos fiéis

Bispo: Meus irmãos e minhas irmãs, roguemos a Deus Pai todo-poderoso: que seja unânime a nossa oração, como há uma só fé, esperança e caridade que procedem de seu Espírito Santo.

Leitor: Pelos que receberam o Dom do Espírito Santo no sacramento da Confirmação, para que, vivendo a fé e praticando a caridade, deem por sua vida testemunho do Cristo, roguemos ao Senhor.

Todos: Senhor, escutai a nossa prece!

Leitor: Por seus pais e padrinhos, para que, tendo-se responsabilizado por sua fé, continuamente os estimulem, pela palavra e exemplo, a seguir os passos de Cristo, roguemos ao Senhor.

Todos: Senhor, escutai a nossa prece!

Leitor: Pela santa Igreja de Deus, com o papa N., nosso bispo N. e todos os bispos, para que, reunida pelo Espírito Santo na unidade da fé e da caridade, se estenda e cresça até a vinda do Cristo, roguemos ao Senhor.

Todos: Senhor, escutai a nossa prece!

Leitor: Pelo mundo inteiro, para que todos que têm o mesmo Criador e Pai se reconheçam como irmãos e irmãs, sem discriminação de raça ou nação, e procurem de coração sincero o Reino de Deus, que é paz e alegria no Espírito Santo, roguemos ao Senhor.

Todos: Senhor, escutai a nossa prece!

Bispo: Ó Deus, que destes o Espírito Santo a vossos apóstolos e quisestes que eles e seus sucessores o transmitissem aos outros fiéis, ouvi com bondade a nossa oração e derramai nos corações de vossos filhos e filhas os dons que distribuístes outrora no início da pregação apostólica. Por Cristo, nosso Senhor.

Todos: Amém.

Prossegue-se à liturgia eucarística com os crismandos apresentando as oferendas.

Bênção final

Bispo: Abençoe-vos Deus, Pai todo-poderoso, que vos fez renascer da água e do Espírito Santo e vos tornou seus filhos e filhas adotivos, e vos conserve dignos do seu amor de Pai.

Todos: Amém.

Abençoe-vos seu Filho Unigênito, que prometeu que o Espírito da verdade permaneceria na Igreja, e vos confirme com sua força na profissão da verdadeira fé.

Todos: Amém.

Abençoe-vos o Espírito Santo, que acendeu o fogo do amor nos corações dos discípulos, e vos conduz, unidos num só corpo e sem tropeço, à alegria do reino de Deus.

Todos: Amém.

Abençoe-vos Deus todo-poderoso, Pai e Filho e Espírito Santo.

Todos: Amém.

Envio missionário

Seguir na parte dos adultos.

Celebração de envio

Seguir esta celebração na parte dos adultos.

III

Crianças

Ser iniciado na vida eucarística da comunidade é muito mais que fazer a Primeira Eucaristia. Significa receber o sacramento da Eucaristia em um estilo de vida em que o Evangelho norteia a maneira de pensar, de se relacionar com os outros e de formar a família. Falamos de vida eucarística, na qual o cristão é discípulo no seguimento de Cristo. Assim, o pão e o vinho tornam-se sacramentos da entrega de Cristo, na qual ele associa nossa vida à sua oferenda na cruz. Portanto, mais que fazer a primeira comunhão, trata-se de celebrar a Eucaristia no culto e na vida.

Os encontros de catequese poderão preparar mais remotamente as celebrações deste manual. Nos encontros há que vivenciar momentos de silêncio, de contemplação, nos quais o catequizando escuta seu interior. Há de buscar o silêncio externo, concentrando-se. Educar-se para a oração como ato inicialmente interno, de reflexão, de atenção ao próprio estar no mundo. Por meio dela, ouvimos o que Deus tem a dizer e vemos nas coisas mais simples o que ele tem a revelar.

A educação da fé é uma tarefa que compete a toda família. Estas celebrações consideram de primeira importância a participação dos pais ou familiares e a interação deles com as crianças, como autênticos protagonistas da educação da fé. O papel dos pais não consiste na simples delegação aos catequistas de sua responsabilidade de educar na fé. Em primeiro lugar, cabe a eles evangelizar, em decorrência de seu compromisso assumido no Matrimônio e no Batismo de seus filhos.

Crianças não batizadas

Na catequese eucarística incluem-se também aquelas crianças que não foram batizadas e que pedem, elas ou seus pais, os sacramentos da Iniciação Cristã. Em algumas regiões do Brasil, esse número alcança dez por cento dos componentes de todo o grupo eucarístico. O RICA, no capítulo V, trata do "Rito de iniciação de crianças em idade de catequese".

O *Rito* entende o progresso formativo dessas crianças em dependência dos pais: "É de desejar que essas crianças, o quanto possível, contem também com o auxílio e exemplo dos pais, cuja permissão é necessária para sua iniciação e futura vida cristã. O tempo da iniciação dará à família oportunidade de entrar em contato com os presbíteros e catequistas".[1] Esta compreensão fica bastante evidenciada no diálogo que o celebrante mantém com eles e as crianças na celebração de entrada; e na celebração dos sacramen-

---

[1] RICA, n. 308b.

tos, os pais serão convidados a renovar a fé diante dos filhos.[2]

Também assume importância a configuração do grupo catequético: "As crianças que vão ser iniciadas pertencem geralmente a um grupo de companheiros já batizados que se preparam para a Eucaristia, de modo que a iniciação se faz progressivamente e baseada no próprio grupo catequético".[3] "É importante que várias crianças nas mesmas condições sejam reunidas para as celebrações desse rito, a fim de se ajudarem pelo mútuo exemplo no caminho do catecumenato."[4] Uns já são cristãos, outros não, mas a necessidade de iniciação à fé é comum a todos. Para os batizados, celebrar estes ritos com os catecúmenos significa renovar o gesto de assumir com maior compromisso o que já é realidade em suas vidas.

O *Rito de iniciação de crianças em idade de catequese* apresenta três etapas, cujos ritos deverão ser celebrados ao mesmo tempo que se desenvolve o itinerário de seus companheiros: 1) Rito de instituição dos catecúmenos: *rito de acolhida e liturgia da Palavra*, que coincide com o início da catequese do grupo;[5] 2) Escrutínios ou ritos penitenciais;[6] 3) Celebração

---

[2] Cf. RICA, n. 351.
[3] RICA, n. 308a.
[4] RICA, n. 309.
[5] Cf. RICA, nn. 314-329.
[6] Cf. RICA, nn. 330-342.

dos sacramentos de iniciação.[7] Os ritos preparatórios irão acontecendo ao longo do itinerário catequético, de tal sorte que restarão apenas os gestos essenciais: o banho d'água, a participação no banquete eucarístico e, ao seu tempo, a confirmação.

Alertamos os catequistas sobre a importância de, ao fazer as inscrições dos catequizandos para a catequese eucarística, pedirem a certidão de Batismo e conferirem se, de fato, o Batismo foi validamente conferido.

---

[7] Cf. RICA, nn. 343-368.

Acolhida para o tempo da catequese

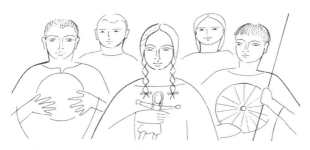

Quem não receber o Reino de Deus como uma criança, não entrará nele!

Como assinala o *Itinerário catequético*, esta celebração tem o objetivo de acolher o catecúmeno e o catequizando em seu desejo de fazer parte da família de Jesus Cristo; sela o compromisso de todos os envolvidos no processo catequético, comunidade de fé e família, a iniciarem o caminho de transformação rumo à Páscoa do Senhor. Referindo-se às crianças catecúmenas, o RICA diz: "Faça-se a celebração na igreja ou em local que possa proporcionar aos mesmos, de acordo com sua idade e entendimento, uma experiência profunda da recepção".[1]

Esta celebração se inspira no rito de entrada no catecumenato[2] e considera, no mesmo *Ritual*,[3] a

---
[1] RICA, n. 315.
[2] Cf. RICA, nn. 68-97.
[3] Cf. RICA, nn. 314-329.

primeira etapa do *Batismo das crianças em idade de catequese*: a) Rito de acolhida – diálogo, adesão das crianças, compromisso dos pais, assinalação da cruz; b) Liturgia da Palavra com a entrega da Bíblia. O *Itinerário catequético* desloca a entrega da Bíblia para outro momento; aqui, seguimos o RICA e mantivemos a entrega da Bíblia nesta celebração. Por isso, a equipe deverá providenciar Bíblias e crucifixos para todos os catequizandos.

O rito de acolhida substitui o rito inicial da missa dominical, na presença das famílias e da equipe de catequistas. Após a assinalação da cruz e entrega dos crucifixos, ocorre a procissão com o livro da Sagrada Escritura e o início da liturgia da Palavra daquele domingo. A entrega da Bíblia será feita após a homilia.

Celebração de acolhida para o tempo da catequese

Saudação e exortação

*(Esta primeira parte substitui o rito inicial da missa e pode ser feita dentro ou fora da igreja.)

317. Quem preside saúda cordialmente os candidatos. Dirigindo-se a eles e a todos os presentes, expressa a alegria e a ação de graças da Igreja e lembra a necessidade de promover uma educação cristã autêntica, a partir do testemunho da vida familiar e da colaboração de toda a comunidade.

Diálogo

318. Quem preside interroga (primeiramente) as crianças (catecúmenas) com estas palavras ou outras semelhantes:

Presidente: N., o que vocês querem ser?

Catecúmenos: Quero ser cristão e participar da mesa eucarística.

Presidente: Por que vocês querem ser cristãos?

Catecúmenos: Por que creio em Jesus Cristo.

Presidente: Que dará a fé em Cristo?

Catecúmenos: A vida eterna.

Quem preside, pode interrogar com outras palavras e admitir respostas espontâneas: Quero fazer a vontade de Deus; Quero seguir a Palavra de Deus; Quero ser batizado; Quero ter fé; Quero ser amigo de Jesus; Quero ser da família dos cristãos etc.

319. Quem preside, conclui com uma breve catequese apropriada às circunstâncias e à idade das crianças, por exemplo:

Como vocês já creem em Cristo e querem receber o Batismo, vamos acolhê-los com muita alegria na família dos cristãos, onde cada dia vão conhecer melhor a Cristo. Conosco, vão procurar viver como filhos e filhas de Deus, conforme Cristo nos ensinou. Somente assim poderão também participar da mesa eucarística. Devemos amar a Deus de todo o coração e amar-nos uns aos outros assim como ele nos amou.

Se for oportuno, estas últimas palavras podem ser repetidas pelas crianças, para manifestarem que estão de acordo.

Diálogo com os pais dos catecúmenos

320. Quem preside, diz às crianças que peçam o consentimento dos pais ou dos introdutores que os apresentam. Pode fazê-lo desse modo ou semelhante:

Peçam agora a seus pais que se aproximem com vocês para darem sua licença.

As crianças conduzem os pais ou introdutores a quem preside, que continua:

Caros pais, vossos filhos pedem que os preparemos para o Batismo. Estais de acordo com seu desejo?

Pais: Estamos.

Presidente: Estais dispostos a desempenhar vossa parte nessa preparação?

Pais: Estamos.

Diálogo com os catequizandos

Quem preside, dirige estas palavras ou outras semelhantes às crianças batizadas, que podem ficar de pé.

Presidente: E vocês, catequizandos, o que pedem à Igreja de Deus?

Catequizandos: Participar da mesa eucarística.

Presidente: Vocês querem aprofundar-se no conhecimento do Evangelho de Jesus Cristo, tornar-se seus discípulos, amar e fazer o bem, assim como Jesus fez e nos ensinou?

Catequizandos: Sim, queremos!

Presidente: Se vocês querem ser discípulos dele e membros da Igreja, é preciso que sejam instruídos em toda a verdade revelada por ele, aprendam a ter os mesmos sentimentos de Jesus Cristo, procurem viver segundo os preceitos do Evangelho e amem o Senhor Deus e o próximo como Cristo nos mandou fazer, dando-nos o exemplo. Vocês estão de acordo com tudo isso?

Catequizandos: Estamos.

Diálogo com os pais dos catequizandos

Presidente: Vocês, pais, familiares e amigos, que nos apresentam agora estas crianças, estão dispostos a ajudá-las a encontrar e seguir o Cristo?

Pais: Estamos.

Presidente: Estão dispostos a desempenhar sua parte nesta preparação?

Pais: Estamos.

321. Quem preside, interroga todos os presentes, com estas palavras ou outras semelhantes:

Presidente: Para continuarem o caminho hoje iniciado, estas crianças precisam do auxílio de nossa fé e caridade. Por isso, pergunto também a vocês, seus amigos e companheiros: Estão dispostos a ajudá-las a se aproximarem progressivamente do Batismo?

Todos: Estamos.

Assinalação da fronte e dos sentidos

322. Presidente:

Queridos catequizandos, Cristo chamou vocês para serem seus amigos; lembrem-se sempre dele e sejam fiéis em segui-lo! Para isso, vou marcar vocês com o sinal da cruz de Cristo, que é o sinal dos cristãos. Este sinal vai daqui em diante fazer que vocês se lembrem de Cristo e de seu amor por vocês.

As crianças, com os introdutores, se aproximam sucessivamente de quem preside, que faz com o polegar o sinal da cruz na fronte de cada uma, dizendo:

Recebe na fronte o sinal da cruz: o próprio Cristo te protege com o sinal de seu amor *(ou: de sua vitória)*. Aprende a conhecê-lo e a segui-lo.

323. Procede-se à assinalação dos sentidos (a juízo, porém, de quem preside, pode ser omitida em parte ou inteiramente). As assinalações são feitas pelos catequistas ou pelos introdutores (em circunstâncias especiais podem ser feitas por vários presbíteros ou diáconos).

A fórmula é sempre dita por quem preside:

Ao assinalar os ouvidos:

Recebam nos ouvidos o sinal da cruz, para que vocês ouçam a voz do Senhor.

Ao assinalar os olhos:

Recebam nos olhos o sinal da cruz, para que vocês vejam a glória de Deus.

Ao assinalar a boca:

Recebam na boca o sinal da cruz, para que vocês respondam à Palavra de Deus.

Ao assinalar o peito:

Recebam no peito o sinal da cruz, para que Cristo habite pela fé em seus corações.

Ao assinalar os ombros:

Recebam nos ombros o sinal da cruz, para que vocês carreguem o jugo suave de Cristo.

Quem preside, sem tocar nas crianças, faz o sinal da cruz sobre todas ao mesmo tempo, dizendo:

Eu marco vocês com o sinal da cruz em nome do Pai e do Filho e do Espírito Santo, para que vocês tenham a vida eterna.

Crianças: Amém.

Podem-se dar crucifixos ou uma cruzinha para pôr no pescoço, em recordação da assinalação.

Se alguns costumes parecerem apropriados para expressar a iniciação das crianças em idade de catequese, podem ser inseridos antes ou depois da entrada na igreja.

Pode-se cantar esta aclamação de louvor a Cristo:

Glória a ti, Senhor, toda graça e louvor.

Presidente: Oremos.

Deus todo-poderoso, que pela cruz e ressurreição de vosso Filho destes a vida ao vosso povo, concedei que estes vossos filhos e filhas, marcados com o sinal da cruz, seguindo os passos de Cristo, conservem em sua vida a graça da vitória da cruz e a manifestem por palavras e gestos. Por Cristo, nosso Senhor.

Todos: Amém.

Ingresso na igreja

324. *Se o rito de acolhida tiver sido feito à porta da igreja ou noutro local, quem preside, com um gesto, convida as crianças a entrar, dizendo estas palavras ou outras semelhantes:*

Presidente: Catecúmenos, agora vocês já têm seu lugar na reunião dos cristãos.
Crianças, venham todas para ouvir o Senhor, que nos vai falar, e para rezar conosco.

As crianças se aproximam e tomam lugar junto a seus pais (introdutores) ou entre seus colegas, de modo que todos vejam que já fazem parte da assembleia. Enquanto isso, canta-se um canto apropriado.

Liturgia da Palavra

325. Estando as crianças em seus lugares, quem preside dirige-lhes uma breve alocução, mostrando a dignidade da Palavra de Deus, que é anunciada e ouvida na assembleia litúrgica.

O livro das Sagradas Escrituras é trazido em procissão e colocado respeitosamente na mesa da Palavra, podendo também ser incensado. Segue-se a celebração da Palavra de Deus.

Quem preside comenta as leituras numa pequena homilia.

327. Recomenda-se um momento de silêncio em que as crianças, a convite de quem preside, rezem em seu coração. Segue-se um canto apropriado.

Entrega do livro da Palavra de Deus

328. Depois da homilia, quem preside entrega aos catecúmenos e aos catequizandos, com dignidade e reverência, Bíblias, dizendo estas ou outras palavras:

Recebe o livro da Palavra de Deus. Que ela seja luz para a tua vida.

Preces pelas crianças

329. Presidente:
Oremos por estas queridas crianças, vossos filhos e filhas, companheiros e amigos, que agora procuram a Deus.

Leitor: Nós vos pedimos, Senhor, que aumenteis cada dia mais seu desejo de viver com Jesus.

Todos: Nós vos pedimos, Senhor!

Leitor: Nós vos pedimos, Senhor, que elas sejam felizes na Igreja.

Todos: Nós vos pedimos, Senhor!

Leitor: Nós vos pedimos, Senhor, a graça de perseverarem na preparação para o Batismo ou Eucaristia.

Todos: Nós vos pedimos, Senhor!

Leitor: Nós vos pedimos, Senhor, que vosso amor afaste de seus corações o medo e o desânimo.

Todos: Nós vos pedimos, Senhor!

Leitor: Nós vos pedimos, Senhor, que estas crianças tenham a alegria de receber o Batismo e a Eucaristia.

Todos: Nós vos pedimos, Senhor!

Presidente: Ó Pai, que despertastes nestas crianças o desejo de ser bons cristãos, fazei que elas vos procurem sempre e vejam realizados seu desejo e nossas preces. Por Cristo, nosso Senhor.

Todos: Nós vos pedimos, Senhor!

No final da missa, organize-se uma pequena confraternização para comemorar o início deste tempo de catequese.

Entrega do Creio

Seguir na parte dos adultos.

Entrega do Pai-Nosso

Seguir esta celebração na parte dos adultos.

Rito do "Éfeta"[1]

"Este rito, por seu próprio simbolismo, sugere a necessidade da graça para ouvir e professar a Palavra de Deus, a fim de se alcançar a salvação" (RICA, n. 200). Lê-se o texto em que Jesus cura o surdo-mudo (Mc 7,31-37) e o celebrante, como gesto, toca com o polegar os ouvidos e os lábios de cada eleito.

O rito do "Éfeta", primeiro rito batismal, pelo qual o bispo ou ministro toca as orelhas e a boca do eleito, pode ser relido como uma grande abertura dos sentidos para o mundo da fé, de tal maneira que a Palavra e o símbolo sacramental encontrem, por parte do sujeito, a cooperação para a plenitude do acontecimento sacramental. Assim como aconteceu com o surdo-mudo (cf. Mc 7,31-37), abrem-se os sentidos para acolher as realidades espirituais.

A celebração inicia-se de modo habitual, com o sinal da cruz e a saudação do catequista. Segue a oração:

Catequista: Oremos. Pai amado e todo-poderoso, vós quereis restaurar todas as coisas em Cristo e atraís toda a humanidade para ele. Guiai estes catecúmenos e os que vão completar a iniciação e concedei que, fiéis à sua vocação, possam integrar-se e participar plenamente no reino de vosso Filho e ser assinalados com o Espírito Santo, o vosso dom. Por Cristo, nosso Senhor.

Todos: Amém.

---
[1] Cf. RICA, nn. 194-202.

Depois de um canto apropriado, lê-se Mc 7,31-37.

Catequista: O Evangelho está cheio de cegos, de surdos, de mudos. Eles sofrem terrivelmente a solidão. Não conseguem se comunicar. Jesus toca nesses irmãos marginalizados e diz: "Éfeta", que quer dizer: "Abre-te" (Mc 7,34). Ele continua também hoje a gritar o seu "Éfeta" a tanta gente que não enxerga, não ouve, não fala. E muitas vezes não enxerga a beleza de Deus, não ouve a Palavra de Deus, não fala a língua de Deus. Vamos assinalar a boca e os ouvidos com o sinal da cruz para que sejamos bons ouvintes e anunciadores da Palavra, lembrando o gesto de Jesus que tocou o surdo-mudo.

A seguir, o catequista, tocando com o polegar os ouvidos e os lábios de cada catequizando, diz:

Éfeta, isto é, abre-te, a fim de proclamares o que ouviste para louvor e glória de Deus.

Em seguida, pode haver preces espontâneas do grupo, a oração do Pai-Nosso, e quem preside dá a bênção final.

Celebração da eleição

Consultar o sentido desta celebração na parte dos adultos.

*(O *Itinerário catequético* prevê esta celebração na missa no primeiro Domingo da Quaresma, ou, então, em um domingo apropriado, tendo em vista a preparação imediata para a iniciação à vida eucarística e batismal com o objetivo de agradecer o caminho feito. Adaptamos para as crianças a correspondente celebração de eleição dos adultos e incluímos o testemunho pessoal da criança. A celebração transcorre após a homilia.

310. Quanto ao tempo das celebrações, é de desejar que, na medida do possível, o último tempo da preparação coincida com a Quaresma e os sacramentos sejam celebrados na Vigília Pascal.

142. A homilia, apropriada às circunstâncias, seja dirigida tanto aos catecúmenos e catequizandos como à comunidade dos fiéis, para que estes, esforçando-se por dar um bom exemplo, iniciem com os eleitos o caminho para os mistérios pascais.

*(Devem estar presentes também os pais e os padrinhos.)

Apresentação dos candidatos

143. Após a homilia, um catequista apresenta os que vão ser eleitos, com estas palavras ou outras semelhantes:

Padre N., estas crianças frequentaram os encontros de catequese, participaram das orações da comunidade, procuraram melhorar seu modo de ser em casa, na escola e com seus amigos. Elas entenderam que Jesus é o grande amigo que aponta o caminho do bem e da verdadeira felicidade humana. Por isso, (algumas pedem o batismo e) o grupo pede para participar da mesa eucarística junto com a comunidade.

Cada um, chamado pelo nome, adianta-se com o pai ou a mãe e permanece diante de quem preside.

Se forem muitos, faça-se a apresentação de todos ao mesmo tempo, por exemplo, por meio dos respectivos catequistas, sendo aconselhável que estes, numa celebração prévia, chamem pelo nome os seus candidatos antes de comparecerem ao rito comum. Sejam chamados separadamente os catecúmenos e os catequizandos.

144. Quem preside prossegue:

A santa Igreja de Deus deseja certificar-se de que estes catequizandos estão em condições de ser admitidos proximamente para os sacramentos.

E dirigindo-se aos pais e responsáveis:

Peço, por isso, a vocês, pais, mães e responsáveis, darem testemunho a respeito da conduta de seus filhos: eles se esforçaram em conhecer a vida e os ensinamentos de Jesus?

Pais: Sim.

Presidente: Estão rezando mais em casa e colaborando naquilo que lhes é solicitado?

Pais: Estão.

Presidente: Têm participado da vida e da oração da comunidade?

Pais: Sim.

Presidente: E vocês: pais, mães e responsáveis, têm colaborado com o amadurecimento da fé de seus filhos, acompanhando a reflexão na catequese, rezando em casa e participando da eucaristia dominical?

Pais: Sim.

146. Quem preside exorta e interroga os candidatos com estas palavras ou outras semelhantes:

Agora me dirijo a vocês, prezados catecúmenos e catequizandos. Seus pais e catequistas deram testemunho favorável a respeito de vocês. Viver a fé é para a vida toda. É preciso ser amigo de Jesus e conhecê-lo por meio da oração ou da participação na vida da comunidade. Os sacramentos que vocês querem receber fazem parte desta amizade e prosseguem pela vida afora; por isso, é preciso participar continuamente da comunidade. Cristo ama cada um de vocês e este amor cresce cada vez mais dentro de nós. Vocês, tendo ouvido a voz de Cristo, devem agora lhe responder perante a Igreja. Catecúmenos e catequizandos, vocês querem receber o(s) sacramento(s) (do batismo e) da Eucaristia?

Crianças: Queremos.

Presidente: Querem continuar a frequentar a catequese, participando da vida da comunidade?

Crianças: Queremos.

Presidente: Gostaria de que alguns de vocês dissessem para a comunidade: neste tempo de catequese, o que descobriram em sua amizade com o Senhor Jesus? O que mais alegrou o coração de vocês?

*(Reserve-se um tempo para as crianças testemunharem a experiência de Deus neste período de catequese.)

Presidente: Como vocês se aproximaram do Senhor, e ele, bondosamente, lhes mostrou o seu rosto, podem dar os seus nomes para receberem os sacramentos proximamente.

As crianças, com seus pais ou responsáveis, aproximando-se de quem preside, ou permanecendo em seus lugares, dão o nome. A inscrição pode ser feita de vários modos: o nome é inscrito pela própria criança ou, pronunciado claramente, é anotado pelo catequista ou por quem preside. Se os candidatos forem muitos, o coordenador apresenta a lista dos nomes a quem preside com estas palavras ou outras semelhantes:

São estes os nomes.

Durante a inscrição dos nomes, pode-se cantar um canto apropriado.

Admissão e oração pelos eleitos

147. Terminada a inscrição dos nomes, quem preside dirige aos candidatos estas palavras ou outras semelhantes:

Eu declaro vocês eleitos para receberem o Batismo e receberem a comunhão eucarística logo que completarem o caminho da catequese desta etapa.

Crianças: Graças a Deus!

Presidente: Deus é sempre fiel ao seu chamado e nunca lhes negará a sua ajuda. Vocês devem se esforçar para corresponderem ao que seus catequistas estão propondo nos encontros e também se esforçar em serem melhores em casa e na escola, colaborando com seus pais e educadores.
Roguemos ao Senhor por vocês e para que toda a comunidade viva mais intensamente a fé cristã.

Leitor: Nós vos rogamos, Senhor, que por vossa graça estes eleitos encontrem alegria na sua oração diária e a vivam cada vez mais em união convosco.

Todos: Nós vos rogamos, Senhor!

Leitor: Alegrem-se de ler vossa Palavra e meditá--la em seu coração.

Todos: Nós vos rogamos, Senhor!

Leitor: Reconheçam humildemente seus defeitos e comecem a corrigi-los com firmeza.

Todos: Nós vos rogamos, Senhor!

Leitor: Partilhem com os outros a alegria que lhes foi dada pela fé.

Todos: Nós vos rogamos, Senhor!

Leitor: Em vossa bondade, guardai e abençoai as suas famílias.

Todos: Nós vos rogamos, Senhor!

Leitor: Guiai, sempre mais, nossa comunidade para junto de vós, para que seja testemunha da vossa grande misericórdia.

Todos: Nós vos rogamos, Senhor!

149. Quem preside, com as mãos estendidas sobre os eleitos, conclui as preces com esta oração:

Pai querido e todo-poderoso, vós nos amais muito mais do que merecemos. Conduzi estas crianças e suas famílias para que nunca desanimem e prossigam no caminho do vosso Filho Jesus. Sejam perseverantes na prática do bem e na oração da comunidade. Por Cristo, nosso Senhor, na unidade do Espírito Santo.

Todos: Amém.

151. Prossegue-se à Eucaristia com a oração dos fiéis em favor das necessidades da Igreja e do mundo. Em seguida, diz-se o Creio e preparam-se as ofertas. Pode-se, contudo, por motivos pastorais, omitir a oração dos fiéis e o Creio.

Escrutínios ou ritos penitenciais

O bom pastor dá a vida por suas ovelhas

A proposta da celebração dos escrutínios para os jovens catecúmenos encontra uma solução formidável ao propor, ao lado destes, a celebração da penitência para os outros colegas que serão admitidos pela primeira vez ao sacramento da Penitência. "Como os escrutínios pertencem habitualmente ao último tempo de preparação para o Batismo, os ritos penitenciais para as crianças supõem que sua fé e sentimentos já estejam no ponto requerido para o Batismo".[1]

O sacramento da Penitência é de cura e não faz parte da iniciação. No caminho por etapas, está situado como o sacramento que nos faz recobrar a graça do Batismo, uma vez perdida pelos nossos pecados.

---

[1] RICA, n. 331.

Também a Penitência proporciona a participação na Páscoa de Cristo. Pelos méritos do sacrifício redentor de Cristo, somos perdoados de nossos pecados e, pela ação do Espírito Santo, voltamos a viver na amizade filial com o Pai.

A celebração penitencial deve ser preparada com as próprias crianças, de modo que estejam seguras quanto a seu sentido e finalidade, conheçam bem os cantos, tenham noção do texto da Sagrada Escritura a ser lido, saibam os textos que deverão dizer, além de o que fazer e o andamento da celebração.

> Estes ritos penitenciais são das partes mais importantes do catecumenato das crianças e têm caráter semelhante ao dos escrutínios do Rito de iniciação dos adultos (nn. 152-180). Portanto, como visam ao mesmo fim, podem ser usados e adaptados às normas dos escrutínios (nn. 25 § 1, 154-159).[2]

> Estes ritos, dos quais, junto com os catecúmenos, participam seus padrinhos (suas madrinhas) e colegas do grupo catequético, sejam apropriados a toda a assistência, de modo que se tornem celebrações penitenciais também para os que não são catecúmenos. Sem dúvida, algumas crianças já batizadas, pertencentes ao grupo catequético, podem, nessa celebração, ser admitidas pela primeira vez ao sacramento da Penitência. Nesse caso cuide-se de incluir na celebração exortações, intenções, orações e atos relativos a essas crianças.[3]

---

[2] RICA, n. 330.
[3] RICA, n. 332.

Os ritos penitenciais são celebrados na Quaresma, se os catecúmenos vão ser iniciados nas solenidades pascais; do contrário, na ocasião mais oportuna. Haja ao menos um rito; se houver facilidade, acrescente-se um segundo, formulado à semelhança do primeiro: para as preces e a oração do exorcismo, adaptem-se os textos dos nn. 164, 171 e 178.[4]

Sobre o significado do exorcismo, conferir a seção "Escrutínios", na parte dos adultos. Sobre a unção dos catecúmenos, conferir a seção "Ritos preparatórios imediatos", na parte dos adultos.

---

[4] RICA, n. 333.

Celebração do perdão[1]

*(Preparar velas para as crianças participantes.)

Saudação

334. Quem preside, depois de acolher a assembleia, explica em poucas palavras o sentido do rito para a situação de cada um, isto é, crianças catecúmenas, batizados (principalmente os que vão celebrar naquele dia o sacramento da Penitência pela primeira vez), parentes, amigos, catequistas e presbíteros etc. Todos considerem como dirigido a si o feliz anúncio da remissão dos pecados e proclamem a misericórdia de Deus Pai.

Pode-se escolher um canto para exprimir a fé e a alegria pela misericórdia de Deus.

335. Quem preside, conclui com esta oração:

Oremos. Deus de clemência e misericórdia, que perdoando vos revelais e santificando sois glorificado, nós vos pedimos, arrependidos, que nos purifiqueis de nossas faltas e façais voltar a vida a nossos corações. Por Cristo, nosso Senhor.

Todos: Amém.

---

[1] Transcrita do *Ritual da Penitência*, nn. 43-53, e adaptada para a celebração do escrutínio do RICA.

Leitura

O celebrante pode fazer uma breve introdução com estas palavras ou outras semelhantes:

Queridas crianças: pelo Batismo nos tornamos filhos e filhas de Deus. Ele nos ama como um Pai e deseja que o amemos de todo o coração. Mas deseja também que sejamos bons uns com os outros para que todos juntos vivamos felizes.

Entretanto, nem sempre as pessoas agem de acordo com a vontade de Deus. Elas dizem: "Não obedeço! Eu faço o que quero!". Não obedecem a Deus nem querem ouvir a sua voz. Também nós fazemos assim muitas vezes. Isso é o que chamamos pecado, pelo qual nos afastamos de Deus. Se for um pecado grave, nós nos separamos completamente dele. O que Deus faz quando alguém se afasta dele? O que ele faz quando abandonamos o caminho certo e corremos o risco de perder a verdadeira vida? Será que se afasta de nós, ofendido? Ouçamos o que nosso Senhor nos diz:

A seguir, proclama-se o Evangelho. Sugestão: Lc 15,1-7 – A ovelha perdida.

Homilia

Quem preside, comenta o texto sagrado em breve homilia. Deve ser breve, pondo em relevo o amor de Deus por nós, como base para o exame de consciência.

Exame de consciência

Deve ser adaptado ao grau de compreensão das crianças, mediante breves indicações do celebrante, e completado por um oportuno momento de silêncio.

337. Na homilia ou depois, quem preside propõe a toda a assembleia, com intervalos de silêncio, expressões e temas que disponham à penitência e à conversão.

Dirige-se também às crianças já batizadas, pertencentes ao grupo catequético, convidando-as a manifestar exteriormente sua fé no Cristo Salvador e seu arrependimento dos pecados.

Oração sobre os catecúmenos[2]

338. Neste momento, os catecúmenos se colocam diante do presbítero. Depois de um momento de silêncio para despertar a contrição, todos rezam:

Rezemos por quem se preparou para os sacramentos da Iniciação, pelas crianças que vão receber pela primeira vez o perdão de Deus no sacramento da Penitência e por nós, que esperamos a misericórdia do Cristo.

Leitor: Para que saibamos manifestar ao Senhor Jesus nossa gratidão e nossa fé, roguemos ao Senhor.

Todos: Senhor, atendei a nossa prece!

---
[2] *Ritual de Iniciação Cristã de Adultos*, nn. 338-340.

Leitor: Para que procuremos sinceramente descobrir nossas fraquezas e pecados, roguemos ao Senhor.

Todos: Senhor, atendei a nossa prece!

Leitor: Para que, no espírito de filhos de Deus, confessemos lealmente nossa fraqueza e nossas culpas, roguemos ao Senhor.

Todos: Senhor, atendei a nossa prece!

Leitor: Para que manifestemos diante do Senhor Jesus a dor que sentimos por causa de nossos pecados, roguemos ao Senhor.

Todos: Senhor, atendei a nossa prece!

Leitor: Para que a misericórdia de Deus nos preserve dos males presentes e futuros, roguemos ao Senhor.

Todos: Senhor, atendei a nossa prece!

Leitor: Para que aprendamos de nosso Pai do Céu a perdoar por seu amor todos os pecados do próximo, roguemos ao Senhor.

Todos: Senhor, atendei a nossa prece!

Quem preside, com as mãos estendidas sobre as crianças catecúmenas, diz:

Oremos. Pai de misericórdia, que, entregando vosso amado Filho, destes ao homem, cativo do pecado, a liberdade de filhos, olhai estes vossos servos e servas que já passaram por tentações e reconhecem as próprias culpas. Realizai sua esperança, fazei-os passar das trevas à luz inextinguível, purificai-os dos pecados, dai-lhes a alegria da paz e guardai-os no caminho da vida. Por Cristo, nosso Senhor.

Todos: Amém.

Unção dos catecúmenos

Presidente: O Cristo Salvador dê a vocês a sua força, simbolizada por este óleo da salvação. Com ele, ungimos vocês no mesmo Cristo, Senhor nosso, que vive e reina para sempre.

Catecúmenos: Amém.

Cada um é ungido com o óleo dos catecúmenos no peito, em ambas as mãos ou em outras partes do corpo, se parecer oportuno.

Quem preside (em silêncio) impõe a mão sobre cada um dos catecúmenos.

Ato penitencial

As orações seguintes podem ser recitadas pelo celebrante ou por uma ou mais crianças, alternando com as outras. Aconselha-se uma breve pausa antes das respostas, que podem ser cantadas.

Muitas vezes não nos comportamos como filhos e filhas de Deus.

Todos: Mas Deus nos ama e nos procura.

Aborrecemos nossos pais e mestres.

Todos: Mas Deus nos ama e nos procura.

Brigamos e falamos mal de nossos companheiros.

Todos: Mas Deus nos ama e nos procura.

Fomos preguiçosos em casa (na escola) e não ajudamos nossos pais (irmãos e colegas).

Todos: Mas Deus nos ama e nos procura.

Fomos distraídos e mentirosos.

Todos: Mas Deus nos ama e nos procura.

Não fizemos o bem quando podíamos.

Todos: Mas Deus nos ama e nos procura.

Agora, em união com Jesus, nosso irmão, vamos falar com nosso Pai do céu e pedir que nos perdoe. Pai nosso…

Confissão individual

As crianças aguardam, em silêncio, o momento de confessar-se.

Ato de contrição e propósito

O ato de contrição e o propósito de emenda podem ser manifestados desta forma: cada criança acende sua vela em lugar apropriado e diz em seguida:

Pai, arrependo-me de ter praticado o mal e de não ter feito o bem. Vou me esforçar para me corrigir (aqui se exprime um propósito determinado) e caminhar na vossa luz.

Se isso não for possível, reze em conjunto a referida oração, com um propósito genérico.

Oração

Presidente: Ó Pai, nós vos agradecemos porque sempre nos perdoais e nos amais. Nós vos louvamos porque nos confiais uma vida nova e quereis que recomecemos de novo. Somos vossos filhos e filhas que vos prometem errar menos, acolher e ajudar as pessoas em nossa vida. Obrigado, Pai, porque o vosso Espírito continua habitando em nosso peito.

Todos: Amém.

O ministro convida as crianças à ação de graças, que pode ser feita por um canto apropriado. Em seguida, despede as crianças.

Batismo dos catecúmenos e renovação das promessas batismais

E do céu veio uma voz: "Tu és o meu filho amado; em ti está o meu agrado"

O RICA orienta que, preferencialmente, o Batismo seja conferido na Vigília Pascal, seguido da Crisma e da recepção da Eucaristia, ou, então, em uma outra missa na qual se celebrem os três sacramentos conjuntamente.[1]

Em nossa prática pastoral, o catecúmeno que participa da catequese eucarística é batizado e recebe a Eucaristia pela primeira vez com o seu grupo. Posteriormente, seguirá a etapa da Confirmação.

Devido às turmas de catequizandos serem numerosas, torna-se inviável celebrar o Batismo na mesma missa em que o grupo receberá a Eucaristia

---
[1] Cf. RICA, nn. 343-344.

pela primeira vez. Abre-se a possibilidade de celebrar o Batismo e renovar as promessas batismais do grupo em uma missa dominical ou em uma celebração própria na qual os outros catequizandos renovem as promessas do Batismo. Consideramos esta última possibilidade mais viável, conforme as circunstâncias.

Convém preparar as crianças para esta celebração refletindo sobre os símbolos da água, do óleo, da luz, da veste batismal. Pode-se retomar os personagens e acontecimentos referidos na bênção da água e o significado do banho batismal. A Pastoral do Batismo de Crianças poderá colaborar com os catequistas e promover uma ampla interação entre ambas.

Bênção da água

Vamos encontrar o significado da água como *sinal de vida e de morte*. A função da água na história da salvação não pode ser vista apenas no plano natural, ou seja, a água que limpa e purifica, como se o Batismo apenas apagasse as manchas do pecado. Deparamo-nos com a passagem pelo mar a pé enxuto, o que significa passar do estado de escravidão para a conquista da terra prometida.

No final da bênção, a oração invoca o poder do Espírito sobre a fonte batismal para que o eleito, ao ser coberto pelas águas (assim como acontecia com o

Batismo dos adultos), participe de todos esses mistérios salvadores de Cristo e tenha sua vida transformada por eles. Assim, a criança irá sofrer uma morte semelhante à de Cristo, ressuscitar para a vida e receber a graça da imortalidade.

Os sacramentos não são coisas, mas ações. O Batismo não é a água, mas o banho na água que ganha sentido na fé, como ação que faz nascer de novo (regenerar) em Jesus Cristo. Por isso a importância da bênção d'água para expressar claramente que não é a água em si mesma que tem força sacramental, senão que é Deus quem atua e se serve da água para regenerar o ser humano. Assim, a bênção da água é um "colocar a água nas mãos de Deus" para que ele atue sacramentalmente.

O banho com água unido à Palavra da vida (cf. Ef 5,26) lava a pessoa de toda culpa, tanto original como pessoal, e a torna "participante da natureza divina" (2Pd 1,4) e da "adoção de filhos" (Rm 8,15; Gl 4,5). Invoca-se a Santíssima Trindade sobre os batizandos, que são marcados em seu nome, para que lhe sejam consagrados e entrem em comunhão com o Pai, o Filho e o Espírito Santo.

"Porque, se nos tornamos uma coisa só com ele por morte semelhante à sua, seremos uma coisa só com ele também por ressurreição semelhante à sua" (Rm 6,5). O banho batismal nos proporciona uma morte semelhante à de Cristo. Por isso, nos tornamos uma coisa só com ele. A água é sepulcro e vida. Os cristãos tomamos o banho "em nome do Senhor", ou "em nome do Pai e do Filho e do Espírito Santo". O sentido do banho não é uma morte e uma renovação ideal, mas a participação na morte e na ressurreição histórica de Jesus Cristo.

Veste batismal: é o sinal exterior da vida nova gerada pelo Batismo. Pelo Batismo, a criança revestiu-se de Cristo, vestiu o "homem novo" (Gl 3,27; Ef 4,24).

Rito da luz: "Eu sou a luz do mundo" (Jo 8,12), disse Jesus de si mesmo, e aos discípulos: "Vós sois a luz do mundo [...]. Assim brilhe a vossa luz diante dos homens, para que vejam as vossas boas obras" (Mt 5,14-16). Pode-se ler com proveito: 1Pd 2,9; Ef 5,8; At 2,3; Ap 22,5; Mt 25,30.

Conferir, na Introdução, os subtítulos: Centralidade pascal e Unidade sacramental.

Celebração do Batismo

*(O diálogo inicial, assinalação da cruz, exorcismo e unção já foram realizados nas celebrações anteriores. Se for missa dominical, a liturgia da Palavra será a da própria missa. Se for somente a celebração do Batismo, as leituras serão tomadas do RICA, n. 388. Por exemplo: Ez 36,24-28; 1Cor 12,12-13; Mt 28,18-20.)

Após a homilia.

Apresentação dos eleitos e exortação

348. Depois da homilia, chamam-se os catecúmenos, que são apresentados pelos pais ou padrinhos à igreja reunida. Os batizandos, com os pais, padrinhos e madrinhas, colocam-se em torno da fonte, mas de modo a não impedirem a visão dos fiéis.

Quem preside exorta a assembleia com estas palavras ou outras semelhantes:

Caros fiéis, apoiemos com nossas preces a alegre esperança dos nossos irmãos e irmãs que, com o consentimento dos pais, pedem o santo Batismo, para que Deus todo-poderoso acompanhe com sua misericórdia os que se aproximam da fonte do novo nascimento.

Oração sobre a água

349. Quem preside, voltado para a fonte, diz a seguinte oração de bênção sobre a água:

Ó Deus, pelos sinais visíveis dos sacramentos realizais maravilhas invisíveis. Ao longo da história da salvação, vós vos servistes da água para fazer-nos conhecer a graça do Batismo. Já na origem do mundo vosso espírito pairava sobre as águas para que elas concebessem a força de santificar.

Todos: Fontes do Senhor, bendizei o Senhor!

Presidente: Vosso Filho, ao ser batizado nas águas do Jordão, foi ungido pelo Espírito Santo. Pendente da cruz, do seu coração aberto pela lança, fez correr sangue e água. Após sua ressurreição, ordenou aos apóstolos: "Ide, fazei meus discípulos todos os povos, e batizai-os em nome do Pai, e do Filho, e do Espírito Santo".

Todos: Fontes do Senhor, bendizei o Senhor!

Presidente: Olhai agora, ó Pai, a vossa Igreja e fazei brotar para ela a água do Batismo. Que o Espírito Santo dê por esta água a graça de Cristo, a fim de que homem e mulher, criados à vossa imagem, sejam lavados da antiga culpa pelo Batismo e renasçam pela água e pelo Espírito Santo para uma vida nova.

Quem preside, se for oportuno, mergulha o círio pascal na água uma ou três vezes (ou apenas toca na água com a mão), dizendo:

Nós vos pedimos, ó Pai, que por vosso Filho desça sobre esta água a força do Espírito Santo.

E, mantendo o círio na água, continua:
E todos os que, pelo Batismo, forem sepultados na morte com Cristo, ressuscitem com ele para a vida. Por Cristo, nosso Senhor.
Todos: Amém.

Quem preside retira o círio da água.
Todos: Fontes do Senhor, bendizei o Senhor! Louvai-o e exaltai-o para sempre!

Profissão de fé das crianças catecúmenas

352. Quem preside, voltado para os catecúmenos, diz:
Agora, diante da Igreja, antes de serem batizados, renunciem ao demônio e proclamem a sua fé.
Vocês pediram o Batismo e tiveram muito tempo de preparação. Seus pais aprovaram o desejo de vocês; seus catequistas, colegas e amigos os ajudaram; e todos hoje prometem que vão lhes dar o exemplo de sua fé e ajudá-los como irmãos. Agora, diante da Igreja, vocês farão a profissão de fé e serão batizados.

Renúncia

353. A renúncia e a profissão de fé são partes de um só rito. A palavra "renunciar" pode ser substituída por outra expressão equivalente, como: lutar contra, deixar de lado, abandonar, combater, dizer não, não querer.

Quem preside interroga ao mesmo tempo todos os eleitos:
Para viver na liberdade dos filhos de Deus, vocês renunciam ao pecado?

Catecúmenos: Renuncio.

Presidente: Para viver como irmãos, vocês renunciam a tudo o que causa desunião?

Catecúmenos: Renuncio.

Presidente: Para seguir Jesus Cristo, vocês renunciam ao demônio, autor e princípio do pecado?

Catecúmenos: Renuncio.

Profissão de fé

Presidente: Crês em Deus Pai todo-poderoso, criador do céu e da terra?

Catecúmenos: Creio.

Presidente: Crês em Jesus Cristo, seu único Filho, nosso Senhor, que nasceu da Virgem Maria, padeceu e foi sepultado, ressuscitou dos mortos e subiu ao céu?

Catecúmenos: Creio.

Presidente: Crês no Espírito Santo, na santa Igreja Católica, na comunhão dos Santos, na remissão dos pecados, na ressurreição dos mortos e na vida eterna?

Catecúmenos: Creio.

Depois de sua profissão de fé, cada um é imediatamente batizado.

Banho batismal

356. Convém que a água seja abundante, de modo que o Batismo apareça como uma verdadeira passagem pela água ou banho. O Batismo pode ser realizado das seguintes maneiras:

1. Mergulhando o eleito parcial ou totalmente na água (neste caso, observem-se as normas do pudor e da conveniência).

2. Derramando água sobre sua cabeça, deixando-a escorrer sobre todo o corpo.

3. Derramando água somente sobre a cabeça.

Quem preside batiza o eleito, dizendo:

N., eu te batizo em nome do Pai,

mergulha o eleito ou derrama a água pela primeira vez
E do Filho,

mergulha o eleito ou derrama a água pela segunda vez
E do Espírito Santo

mergulha o eleito ou derrama a água pela terceira vez.

Se o Batismo for por infusão, convém que o padrinho, a madrinha ou ambos coloquem a mão direita sobre o ombro direito do eleito. As mesmas pessoas poderão acolhê-lo ao sair da fonte, se o Batismo tiver sido feito por imersão.

Quando o número de eleitos é grande e estiverem presentes vários presbíteros ou diáconos, os batizandos podem ser distribuídos entre eles, que os batizam por imersão ou infusão, pronunciando para cada um a fórmula no singular. Durante o rito, se for conveniente, a assembleia poderá entoar aclamações e cantos, intercalados com momentos de silêncio.

Unção depois do Batismo

358. Se, por motivo especial, a Confirmação for separada do Batismo, quem preside, depois da imersão ou infusão na água, unge os batizados com o crisma como de costume, dizendo uma só vez para todos:

Deus todo-poderoso, Pai de nosso Senhor Jesus Cristo, que fez vocês renascerem pela água e pelo Espírito Santo e os libertou de todos os pecados, unge suas cabeças com o óleo da salvação para que vocês façam parte de seu povo, como membros do Cristo, sacerdote, profeta e rei, até a vida eterna.

Batizados: Amém.

Quem preside, em silêncio, unge cada um no alto da cabeça com o santo crisma. Se os neófitos forem muitos e estiverem presentes vários presbíteros ou diáconos, todos poderão participar das unções.

Veste batismal

Presidente: Vocês nasceram de novo e se revestiram de Cristo. Recebam, portanto, a veste batismal, que devem levar sem mancha até a vida eterna, conservando a dignidade de filhos e filhas de Deus.

Batizados: Amém.

Os padrinhos ou madrinhas revestem os recém-batizados com a veste batismal. Se for conveniente, pode-se omitir esse rito.

Entrega da luz

360. Quem preside, tomando ou tocando o círio pascal, diz:

Aproximem-se os padrinhos e madrinhas, para entregar a luz aos que renasceram pelo Batismo.

Os padrinhos e madrinhas aproximam-se, acendem uma vela no círio pascal e entregam-na ao afilhado. Depois disso, quem preside diz:

Deus tornou vocês luz em Cristo. Caminhem sempre como filhos da luz, para que, perseverando na fé, possam ir ao encontro do Senhor com todos os Santos no reino celeste.

Batizados: Amém.

Cada criança e os adultos presentes se dirigem ao círio para acender sua vela.

Presidente: Prezados pais, padrinhos, familiares e crianças, pelo mistério pascal fomos no Batismo sepultados com Cristo para vivermos com ele uma vida nova. Quando fomos batizados, não pudemos consentir com nossa própria voz ao dom da fé que estávamos recebendo. Hoje, terminado este período de aprofundamento da fé, renovemos as promessas do nosso Batismo, pelas quais renunciamos às obras más e prometemos servir a Deus na Igreja.

A palavra "renunciar" pode ser substituída por outra expressão equivalente, como: lutar contra, deixar de lado, abandonar, combater, dizer não, não querer.

Presidente: Para viver na liberdade dos filhos de Deus, vocês renunciam ao pecado?

Todos: Renuncio.

Presidente: Para viver como irmãos, vocês renunciam a tudo o que causa desunião?

Todos: Renuncio.

Presidente: Para seguir Jesus Cristo, vocês renunciam ao demônio, autor e princípio do pecado?

Todos: Renuncio.

Profissão de fé

Presidente: Crês em Deus Pai todo-poderoso, criador do céu e da terra?

Todos: Creio.

Presidente: Crês em Jesus Cristo, seu único Filho, nosso Senhor, que nasceu da Virgem Maria, padeceu e foi sepultado, ressuscitou dos mortos e subiu ao céu?

Todos: Creio.

Presidente: Crês no Espírito Santo, na santa Igreja Católica, na comunhão dos Santos, na remissão dos pecados, na ressurreição dos mortos e na vida eterna?

Todos: Creio.

Presidente: Esta é a nossa fé, que da Igreja recebemos e sinceramente professamos, razão de nossa alegria em Cristo, nosso Senhor.

(Quem preside asperge o povo com a água benta, enquanto todos cantam. Se for conveniente, segue-se a oração dos fiéis. Conclui-se com o Pai-Nosso e a bênção final.)

Envio missionário

Vós sois a luz do mundo!

O *Itinerário catequético* prevê esta celebração como envio para o testemunho cristão, como discípulo missionário, em vista do crescimento da fé, possivelmente num domingo de Pentecostes, concluindo o tempo da mistagogia.

Toda pessoa chamada a ser discípula pelo Senhor também é enviada para a missão. Todo chamado inclui a missão. Jesus, depois de ter chamado os Doze para serem discípulos, isto é, seus seguidores, agora os envia como apóstolos a serviço do Reino de Deus. E o Mestre fez isso durante sua própria missão, já que ele percorria em visita os povoados, vilarejos e aldeias curando e pregando a chegada do Reino. Ele próprio, o apóstolo por excelência, que fora enviado pelo próprio Deus-Pai, agora envia em missão os que chamou. E os envia não sozinhos, isolados, mas sim em dupla, como comunidade, para apregoar o bem e expulsar o mal.

Pentecostes

Jesus Ressuscitado volta para o Pai, mas não deixa os seus discípulos sozinhos. Ele nos concede o seu Espírito para termos forças para continuarmos a missão de anunciar o Reino. "Para levar à plenitude os mistérios pascais, derramastes, hoje, o Espírito Santo prometido" (Prefácio da solenidade de Pentecostes). O Espírito Santo é o amor do Pai e do Filho. O Espírito e Cristo agem juntos.

Em At 2,1-11, Lucas intencionalmente quis descrever a descida do Espírito Santo sobre os apóstolos nos moldes da espantosa revelação de Deus no Monte Sinai, cinquenta dias após a libertação da escravidão do Egito, festejada pelos judeus como o Dia da Entrega da Lei Mosaica.

Alforriados da opressão dos Faraós, os israelitas andaram por cinquenta dias no deserto; como que cansados pela longa caminhada, eis que eles se encontraram no sopé da Montanha do Sinai. Somente Moisés permanecia lá no topo do Sinai, em contato com Javé. Aí Deus se manifestou de uma forma terrificante através de trovões, vento impetuoso, fogo e estrondos. As doze tribos de Israel, temerosas e apavoradas, ficaram estacionadas nas cercanias da base da montanha, ouvindo a voz estridente de Javé.

Uma frase do evangelista Lucas retraça esse evento: "Todos ficaram cheios do Espírito Santo" e, saindo, principalmente na liderança de Pedro, começaram a conclamar as pessoas para a conversão, em vista de elas receberem o Batismo e também o dom do Espírito Santo. Após a pregação dos apóstolos, aqueles representantes dos doze povos (Lucas registra propositadamente o número deles) que, mordidos pela curiosidade, tinham acorrido à praça fronteiriça ao Cenáculo, se arrependem, se convertem, recebem também o Dom do Espírito Santo e, na força entusiasmante dessa chama de amor, todos se entendem reciprocamente, todos se harmonizam.

No Pentecostes cristão, não temos somente as doze tribos de Israel, o Povo Eleito; temos, em vez, o universo inteiro, representado pelos doze povos, vindos de todos os recantos do mundo então conhecido. No Pentecostes cristão não temos inúmeras leis, que pautem o comportamento humano; temos, em vez, a única Lei Fundamental do Amor, que sintetiza e abrange o proceder cristão, cada qual agindo, não por imposição externa, mas por espontânea floração do Espírito, que habita em nosso coração.

Celebração do envio

*(Preferencialmente, o envio aconteça na missa de Pentecostes ou em uma missa dominical. O rito inicia-se após a homilia.)

Preparar cartazes sobre algumas pastorais da comunidade, providenciar velas para cada participante.

Comentarista: Somos chamados a nos compromissar com o Reino, a formar comunidade de fé, unida na caridade concreta até a doação da própria vida. O cristão é sal e luz do mundo. Cada um de nós é convocado a levar adiante a luz de Cristo, a não escondê-la, mas fazê-la brilhar em sua família, no trabalho, junto aos amigos e no compromisso de transformar a sociedade.

Canto: A nós descei, Divina Luz!

As crianças se põem de pé. Cada uma se dirige ao círio, recebe uma vela, a acende e volta para seu lugar. Quem preside, ao entregar a vela, diz:

Vós sois o sal da terra. Vós sois a luz do mundo.

Catequista: Se o sal perde seu sabor, com que se salgará?

Crianças: Queremos fazer o bem, não prejudicar ninguém e defender os mais fracos.

Presidente: Não se acende uma lâmpada para colocá-la debaixo de uma caixa, mas sim no candelabro, onde ela brilha para todos os que estão em casa.

Crianças: Queremos estar sempre vigilantes, para nunca apagar a luz que Cristo acendeu em nosso coração no dia de nosso Batismo.

Presidente: Assim também brilhe a vossa luz diante das pessoas, para que vejam as vossas boas obras e louvem o vosso Pai que está nos céus.

Apagam-se as velas.

Prece dos fiéis e envio

Presidente: Queridas crianças, a luz de Cristo habita em nossos corações. Na verdade, o seu Espírito fez morada dentro de nós. Por isso, somos levados a fazer o bem, a amar as pessoas e a cuidar da criação, sem poluir onde vivemos e sem maltratar os animais. Elevemos nossas preces ao Pai, para que nos fortaleça nessa missão.

Leitor: Pai querido, estendei vosso olhar sobre nós, nossa família e nossa comunidade para sempre perseverarmos no amor e na prática das boas obras. Rezemos.

Todos: Senhor, escutai a nossa prece!

Leitor: Pai, ensinai-nos a ajudar as crianças que passam fome e vivem na pobreza, para que sejamos generosos e possamos ir ao encontro delas. Rezemos.

Todos: Senhor, escutai a nossa prece!

Leitor: Pai, desperte em nossa família a vontade de sempre respeitar o domingo, para sempre vos louvar e agradecer por seu Filho Jesus. Rezemos.

Todos: Senhor, escutai a nossa prece!

Leitor: Pai, eduque o nosso coração para sempre vos reconhecer nas coisas boas que recebemos de nossos pais, de nossos amigos e educadores. Rezemos.

Todos: Senhor, escutai a nossa prece!

Leitor: Pai, guie a nossa comunidade para que nunca diminua a sua fé e o seu testemunho e, assim, o vosso Filho Jesus seja conhecido por muitas pessoas. Rezemos.

Todos: Senhor, escutai a nossa prece!

As crianças se aproximam formando uma meia-lua. Quem preside, impõe as mãos sobre cada uma delas e depois reza:

Presidente: Dignai-vos, Pai, confirmar com o vosso amor estes vossos filhos e filhas que querem viver e anunciar o Evangelho, para que se esforcem para pôr em prática tudo que aprenderam com a meditação da vossa Palavra e alegremente vos possam servir. Inflamados do vosso Espírito Santo, recebam a força e a sabedoria do Alto para combaterem a preguiça e o egoísmo. Possam superar a sede do consumo e ajudar as outras crianças. Nós vos pedimos, por Jesus Cristo, vosso Filho, na unidade do Espírito Santo.

Todos: Amém.

Segue a apresentação das ofertas.

No final da missa:

Bênção

Presidente: O Deus da verdade e da caridade que Cristo manifestou vos faça testemunhas do Evangelho e do seu amor no mundo.

Todos: Amém.

Presidente: O Senhor Jesus, que prometeu à sua Igreja estar a seu lado até o fim dos séculos, confirme as vossas obras e palavras.

Todos: Amém.

Presidente: O Espírito do Senhor esteja sobre vós, para que possais anunciar a sua palavra.

Todos: Amém.

Presidente: Abençoe-nos o Deus todo-poderoso, Pai e Filho e Espírito Santo.

Todos: Amém.

Pe. Antonio Francisco Lelo, coordenador do Núcleo de Catequese Paulinas (NUCAP), elaborou esta obra. É licenciado em Pedagogia e Filosofia, doutor em Liturgia pelo Instituto Superior de Liturgia da Catalunha (Espanha). Atua como editor assistente na área de Liturgia e Catequese de Paulinas Editora.

Rua Dona Inácia Uchoa, 62
04110-020 – São Paulo – SP (Brasil)
Tel.: (11) 2125-3500
http://www.paulinas.com.br – editora@paulinas.com.br
Telemarketing e SAC: 0800-7010081